Clean Architecture Praxisbuch

Für meine Frau Rike und meine Kinder Nora und Niklas, die mich immer wieder daran erinnern, dass es ein Leben jenseits der Softwareentwicklung gibt.

Tom Hombergs

Tom Hombergs

Clean Architecture Praxisbuch

für saubere Software-Architektur und wartbaren Code

Übersetzung aus dem Englischen von Kathrin Lichtenberg

mitp

Bibliografische Information der Deutschen Nationalbibliothek
Die Deutsche Nationalbibliothek verzeichnet diese Publikation in der Deutschen Nationalbibliografie; detaillierte bibliografische Daten sind im Internet über http://dnb.d-nb.de abrufbar.

Bei der Herstellung des Werkes haben wir uns zukunftsbewusst für umweltverträgliche und wiederverwertbare Materialien entschieden.

Der Inhalt ist auf elementar chlorfreiem Papier gedruckt.

ISBN 978-3-7475-0814-5

1. Auflage 2024

www.mitp.de

E-Mail: mitp-verlag@sigloch.de
Telefon: +49 7953 / 7189 - 079
Telefax: +49 7953 / 7189 - 082

Lektorat: Janina Vervost
Fachkorrektorat: Tom Hombergs
Sprachkorrektorat: Petra Heubach-Erdmann
Covergestaltung: Christian Kalkert
Bildnachweis: © Left / stock.adobe.com
Satz: III-satz, Kiel, www.drei-satz.de
Druck: Plump Druck & Medien GmbH, Rheinbreitbach

Inhaltsverzeichnis

Vorwort 9

Mitwirkende 11

Einleitung 15

1 **Wartbarkeit** 19
1.1 Was bedeutet Wartbarkeit überhaupt? 19
1.2 Wartbarkeit führt zu Funktionalität 20
1.3 Wartbarkeit erzeugt Entwicklerfreude 23
1.4 Wartbarkeit unterstützt die Entscheidungsfindung 25
1.5 Die Wartbarkeit bewahren 26

2 **Was ist so falsch an Schichten?** 29
2.1 Sie fördern ein datenbankgetriebenes Design 30
2.2 Sie sind anfällig für Abkürzungen 32
2.3 Sie werden immer schwieriger zu testen 33
2.4 Sie verbergen die Use Cases 34
2.5 Sie erschweren das parallele Arbeiten 36
2.6 Wie hilft Ihnen dies, wartbare Software zu entwickeln? 37

3 **Abhängigkeiten umkehren** 39
3.1 Das Single-Responsibility-Prinzip 39
3.2 Eine Geschichte über Nebenwirkungen 41
3.3 Das Dependency-Inversion-Prinzip 41
3.4 Clean Architecture 43
3.5 Hexagonale Architektur 45
3.6 Wie hilft Ihnen dies, wartbare Software zu entwickeln? 48

4 **Code organisieren** 49
4.1 Nach Schichten organisieren 49
4.2 Nach Features organisieren 50
4.3 Eine Architektur-explizite Paketstruktur 52
4.4 Die Rolle der Dependency Injection 54
4.5 Wie hilft Ihnen dies, wartbare Software zu entwickeln? 56

5 Einen Use Case implementieren ... 57
5.1 Das Domänenmodell implementieren ... 57
5.2 Ein Use Case im Überblick ... 59
5.3 Die Eingabe validieren ... 61
5.4 Die Macht von Konstruktoren ... 64
5.5 Unterschiedliche Eingabemodelle für unterschiedliche Use Cases ... 66
5.6 Business-Regeln validieren ... 67
5.7 Reiches versus anämisches Domänenmodell ... 69
5.8 Unterschiedliche Ausgabemodelle für unterschiedliche Use Cases ... 70
5.9 Was ist mit »read only« Use Cases? ... 71
5.10 Wie hilft Ihnen dies, wartbare Software zu entwickeln? ... 72

6 Einen Web-Adapter implementieren ... 73
6.1 Dependency Inversion ... 73
6.2 Die Verantwortlichkeiten eines Web-Adapters ... 75
6.3 Wie hilft Ihnen dies, wartbare Software zu entwickeln? ... 80

7 Einen Persistenz-Adapter implementieren ... 81
7.1 Dependency Inversion ... 81
7.2 Verantwortlichkeiten eines Persistenz-Adapters ... 82
7.3 Portschnittstellen aufteilen ... 83
7.4 Persistenz-Adapter aufteilen ... 85
7.5 Ein Beispiel mit Spring Data JPA ... 87
7.6 Was ist mit Datenbanktransaktionen? ... 92
7.7 Wie hilft Ihnen dies, wartbare Software zu entwickeln? ... 93

8 Architekturelemente testen ... 95
8.1 Die Testpyramide ... 95
8.2 Testen eines Domänen-Entitys mit Unit-Tests ... 97
8.3 Testen eines Use Case mit Unit-Tests ... 98
8.4 Testen eines Web-Adapters mit Integrationstests ... 100
8.5 Testen eines Persistenz-Adapters mit Integrationstests ... 102
8.6 Testen der Hauptpfade mit Systemtests ... 104
8.7 Wie viel Testen ist genug? ... 109
8.8 Wie hilft Ihnen dies, wartbare Software zu entwickeln? ... 110

9 Mapping über Grenzen hinweg ... 113
9.1 Die »No Mapping«-Strategie ... 113
9.2 Die »Zwei-Wege«-Mapping-Strategie ... 115

9.3 Die »vollständige« Mapping-Strategie 117
9.4 Die »Ein-Weg«-Mapping-Strategie........................... 118
9.5 Wann wird welche Mapping-Strategie benutzt? 119
9.6 Wie hilft Ihnen dies, wartbare Software zu entwickeln? 121

10 Die Anwendung zusammensetzen 123
10.1 Warum ist das Zusammensetzen wichtig? 123
10.2 Konfiguration mit einfachem Code 125
10.3 Konfiguration mit Classpath-Scanning von Spring 126
10.4 Konfiguration mit Java Config von Spring 129
10.5 Wie hilft Ihnen dies, wartbare Software zu entwickeln? 131

11 Bewusst Abkürzungen nehmen 133
11.1 Wieso Abkürzungen wie eingeschlagene Fenster sind 133
11.2 Die Verantwortung, sauber zu beginnen....................... 134
11.3 Modelle zwischen Use Cases teilen 135
11.4 Domänen-Entities als Ein- oder Ausgabemodell benutzen 137
11.5 Eingangsports überspringen................................ 138
11.6 Services überspringen..................................... 139
11.7 Wie hilft Ihnen dies, wartbare Software zu entwickeln? 140

12 Architekturgrenzen erzwingen............................. 143
12.1 Grenzen und Abhängigkeiten 143
12.2 Modifier für die Sichtbarkeit 144
12.3 Fitnessfunktion nach dem Kompilieren 146
12.4 Build-Artefakte... 149
12.5 Wie hilft Ihnen dies, wartbare Software zu entwickeln? 153

13 Mehrere Bounded Contexts verwalten......................... 155
13.1 Ein Hexagon pro Bounded Context? 156
13.2 Entkoppelte Bounded Contexts 158
13.3 Angemessen gekoppelte Bounded Contexts 160
13.4 Wie hilft Ihnen dies, wartbare Software zu entwickeln? 162

14 Ein komponentenbasierter Ansatz für die Softwarearchitektur..... 165
14.1 Modularität durch Komponenten............................. 166
14.2 Fallstudie – eine »Check Engine«-Komponente erstellen 169
14.3 Komponentengrenzen validieren............................. 171
14.4 Wie hilft Ihnen dies, wartbare Software zu entwickeln? 173

15 Sich für einen Architekturstil entscheiden 175
15.1 Beginnen Sie einfach 175
15.2 Entwickeln Sie die Domäne 176
15.3 Vertrauen Sie auf Ihre Erfahrung 177
15.4 Es kommt drauf an 177

Stichwortverzeichnis 179

Vorwort

Das Paradies fürs Entwicklungsteam: Domänenlogik ist einfach zu testen, Infrastruktur und Technologie für Tests einfach zu simulieren (zu »mocken«) und es gibt eine ganz saubere Trennung zwischen Domänencode und technischem Code. Selbst die Migration von einer Technologie auf eine andere geht leicht von der Hand. Keine endlosen Diskussionen mehr, welcher Teil des Codes dieses verzwickte kleine Feature implementieren soll, das die Verkaufsleute schon der Fachabteilung versprochen haben. Dieses Paradies heißt »Clean Architecture«, und Tom wird Sie auf Ihrer Reise dorthin begleiten.

Seit einigen Jahren gibt es diese Clean Architecture unter verschiedenen Namen (etwa: Hexagonale Architektur, Ports-und-Adapter-Architektur, Zwiebelarchitektur). Dem Ganzen liegt eine ziemlich einfache Idee zugrunde: zwei konzentrische Kreise, die Domäne und Technik innerhalb der Software trennen. Abhängigkeiten fließen grundsätzlich nach innen, von der Technologie zur Domäne. Domänenklassen dürfen niemals Abhängigkeiten zu technischen Klassen haben.

Zu schade nur, dass die meisten der Originalquellen es versäumt haben, die Details der Umsetzung zu erklären, beispielsweise wie Packages und Code organisiert sein sollten. Toms Buch füllt diese Lücke perfekt aus. Anhand eines anschaulichen Beispiels führt Tom Sie (und Ihr Entwicklungsteam) zu einer ausgesprochen gut wartbaren und sauberen architektonischen Struktur.

Tun Sie sich selbst und Ihrem Entwicklungsteam einen Gefallen, geben Sie der Clean Architecture eine Chance. Ich verspreche Ihnen, dass Sie es nicht bereuen werden!

Gernot Starke
Köln, Juni 2023
Pragmatischer Softwarearchitekt seit den 1990er-Jahren, Gründer von arc42, Mitgründer von iSAQB und Nerd

Mitwirkende

Über den Autor

Tom Hombergs ist Softwareentwickler, Autor und Simplicity Nerd. Komplexität ist sein Kryptonit, also zerlegt er komplexe Probleme stets in ihre Einzelteile, um sie zu verstehen. Das Ergebnis sind einfacher Code und einfache Texte, sei es in Artikeln auf seinem Blog, in seinen Büchern oder in Dokumentationen, die er für andere Entwickler schreibt. Tom arbeitet aktuell bei Atlassian in Sydney, wo er für die **Developer Experience (DX)** des Java Tech Stacks verantwortlich ist, der von Hunderten Entwicklern weltweit verwendet wird.

Über die Fachgutachter

Alexandros Trifyllis ist freiberuflicher Softwareentwickler mit 15-jähriger Erfahrung. Er war an großen Projekten im öffentlichen und privaten Sektor sowie auf EU-Ebene beteiligt.

Seine Interessenbereiche umfassen Backend-Entwicklung (Spring Boot), Frontend-Entwicklung (Angular) und verschiedene Architekturpraktiken (hexagonal/DDD). Außerdem mischt er sich gern in DevOps-Aufgaben ein (AWS, Terraform und Kubernetes). In den letzten Jahren hat er ein Interesse an **DX** und **Developer Productivity Engineering (DPE)** entwickelt sowie ganz allgemein darüber nachgedacht, wie man die Arbeit von Entwicklern einfacher und angenehmer gestalten kann.

Artem Gorbounov ist Java-Full-Stack-Entwickler mit einer Leidenschaft für saubere Architektur und fünfjähriger Industrieerfahrung. Momentan arbeitet er bei OneUp, wo er sich auf das Bauen robuster und skalierbarer Webanwendungen spezialisiert hat. Artem Gorbounov besitzt eine Amazon-Zertifizierung, die seine Expertise in Cloud-Computing-Technologien beweist. Er ist überzeugt, dass ein wahrer Full-Stack-Programmierer ein umfassendes Verständnis des ganzen technologischen Stacks haben sollte, von der Datenbank bis zur Infrastruktur, mit einer klaren Vorstellung von der Anwendungsarchitektur.

Dr. Gernot Starke ist Trainer und Berater für Softwarearchitektur, InnoQ-Fellow, Mitgründer von arc42 und iSAQB, Gründer von aim42, ehemaliger technischer

Direktor des Sun Microsystems Object-Reality-Center und ein Nerd, der Bulletproof Coffee genießt.

Jonas Havers ist freiberuflicher Full-Stack-Softwareentwickler mit mehr als 15 Jahren Berufserfahrung bei internationalen E-Commerce-Unternehmen. Als Solution- und Anwendungsarchitekt hilft er Kunden, große Business-Softwaresysteme zu entwerfen und zu bauen, die es ihnen ermöglichen, schnell auf Änderungen zu reagieren und in ihrem Markt erfolgreicher zu werden. Er ist bewandert in einer Vielzahl von Werkzeugen, Methodologien und Programmiersprachen, darunter Java, Kotlin und JavaScript. Jonas erklärt, diskutiert und implementiert regelmäßig verschiedene Softwaredesigns und Softwarearchitekturen und teilt sein Wissen und seine Erfahrungen gern mit den Mitgliedern seines Projektteams sowie seinen Studenten als gefragter Gastdozent an Universitäten.

Jörg Gellien hilft Teams in einem innovativen Unternehmen, moderne, hochskalierbare Anwendungen zu entwerfen und zu entwickeln, um Geschäftsanforderungen gerecht zu werden. Er ist Experte für Softwarearchitektur und Java/Spring-Entwicklung. Starke Motivationen für seine Arbeit sind die Vorstellung von Ende-zu-Ende-Verantwortlichkeit für ein Produkt und die Benutzung von cloudbasierten Services.

Jo Vanthournout ist seit fast 20 Jahren Java-Entwickler und -Architekt. Er hatte das Glück, seine Karriere als Entwickler bei einem der ersten Extreme-Programming-Projekte in Belgien beginnen zu können. Seitdem versucht er, die Werte des agilen Entwickelns zu leben und weiterzuverbreiten. Jo Vanthournout hat lebhaftes Interesse an DDD und benutzt deren Prinzipien und Techniken täglich. Er wird nie der beste Entwickler im Team sein, doch man kann immer darauf vertrauen, dass er einen pragmatischen Überblick über die jeweilige Problemdomäne hat, gemeine Fragen stellt und die Teammitglieder an die Einhaltung der Teamwerte erinnert. Er hat eine wunderbare Frau und zwei Töchter. Wenn er nicht programmiert, dann läuft er durch den Wald, besucht Schlachtfelder des Zweiten Weltkriegs oder spielt Minecraft mit seinen Kindern.

K. Siva Prasad Reddy ist Softwarearchitekt mit mehr als 18 Jahren Erfahrung beim Bauen skalierbarer Softwaresysteme, vor allem mithilfe der Java-Plattform.

Er ist ein begeisterter Anhänger agiler Praktiken und verfolgt einen pragmatischen Ansatz bei Softwaredesign und -architektur. Seine Erkenntnisse und Gedanken kann man unter `https://sivalabs.in` verfolgen.

Lorenzo Bettini (`https://www.lorenzobettini.it`) ist Informatikdozent beim DISIA der Universität Florenz. Seine Forschung befasst sich mit dem Design, der Theorie und der Implementierung von Programmiersprachen mit IDE-Unterstützung.

Er hat mehr als 90 Forschungsartikel geschrieben, die bei internationalen Konferenzen und in internationalen Zeitschriften veröffentlicht wurden, ist Autor von zwei Ausgaben des Buches *Implementing Domain-Specific Languages with Xtext and Xtend* (Packt Publishing) sowie des Buches *Test-Driven Development, Build Automation, Continuous Integration (with Java, Eclipse and friends)* (Leanpub).

Maria Luisa Della Vedova ist eine leidenschaftliche Softwareentwicklerin, die sich der Schaffung sinnvoller und benutzerzentrierter Lösungen, dem kontinuierlichen Lernen und der Zusammenarbeit verschrieben hat, um einen positiven Einfluss auf das Leben anderer Menschen auszuüben.

Matt Penning unterstützt Unternehmen seit mehr als drei Jahrzehnten mit technischen Ratschlägen und Softwareentwicklung. Er ist bekannt für seine wohldefinierten und innovativen Architekturen, die reale Probleme lösen. Zurzeit arbeitet er als technischer Leiter bei Cisco Systems, Inc., wo er für Java-Microservice-Entwicklung, Softwarequalität und Entwicklerproduktivität zuständig ist.

Mike Davidson ist ein führender Entwickler und Anwendungsarchitekt. Er arbeitet mit Start-ups und Finanzinstituten in Neuseeland, Kanada und den USA zusammen, um ihnen zu helfen, wartbare, sauber strukturierte Software zu erstellen.

Octavian Nita befasst sich seit mehr als 18 Jahren beruflich und privat mit Java, wobei er von der Sprachimplementierung und Softwareautomatisierung inzwischen zu desktop- und webbasierten Anwendungen gekommen ist. Das macht ihm immer noch sehr viel Spaß.

Da er heutzutage in Brüssel lebt, hilft er den EU-Verwaltungsorganen dabei, mittels domänenzentrierter Architekturstile sogenannte »Enterprise-Anwendungen« zu implementieren.

Sven Woltmann ist schon seit den Anfangszeiten der Sprache Java-Entwickler. Er arbeitet als unabhängiger Entwickler, Trainer und Kursleiter und hat sich auf hochskalierbare Java-Enterprise-Anwendungen, Algorithmenoptimierung, sauberen Code und Clean Architecture spezialisiert. Mittels Videos, einem Newsletter und seinem Blog `HappyCoders.eu` teilt er sein Wissen gern mit anderen.

Thomas Buss ist IT-Berater bei codecentric in Deutschland. Er hilft Teams, die Komplexität von Softwareprodukten zu reduzieren und somit den Entwicklungsprozess zu beschleunigen. Sein Background liegt in der Sprache Java, aber er hat auch viel Freude daran, sich andere Paradigmen und Sprachen anzuschauen. Außerdem interessiert er sich für domänengetriebene Modellierung, serverlose Technologien und Möglichkeiten, den CO2-Fußabdruck von Systemen zu verkleinern. Darüber hinaus mag er Fernsehsendungen, die mit »Star« beginnen.

Vivek Ravikumar ist zurzeit technischer Mitarbeiter bei PayPal Indien und hat nahezu ein Jahrzehnt Erfahrungen bei der Entwicklung von Enterprise-Web-Anwendungen. Bei Seminaren und Vorlesungen an Bildungseinrichtungen und

Universitäten in Indien hat er die Bedeutung und die besten Vorgehensweisen im Lifecycle der Softwareentwicklung demonstriert, Studenten betreut und Branchenwissen verbreitet.

In jüngster Zeit ist er bei Jakarta EE, MicroProfile und auf der Payara-Plattform zur Legende aufgestiegen, nachdem er sich den Spitzenplatz im ersten globalen Payara-Hackathon beim Bau einer Enterprise-Webanwendung gesichert hatte.

Wim Deblauwe ist freiberuflicher Java-Entwickler mit mehr als 20 Jahren Java-Erfahrungen. Er ist der Autor von *Taming Thymeleaf* und *Practical Guide to Building an API Back End with Spring Boot*. Außerdem hat er verschiedene Open-Source-Projekte gestartet bzw. an ihnen mitgearbeitet, wie etwa `error-handling-spring-boot-starter` und `testcontainers-cypress`.

Einleitung

Wenn Sie dieses Buch in die Hand genommen haben, dann machen Sie sich vermutlich Gedanken um die Software, die Sie entwickeln. Sie möchten nicht nur, dass Ihre Software die expliziten Anforderungen Ihrer Kunden erfüllt, sondern auch die implizite Anforderung der Wartbarkeit sowie Ihre eigenen Ansprüche hinsichtlich Struktur und Ästhetik.

Es ist schwer, diesen Anforderungen gerecht zu werden, da Softwareprojekte (oder Projekte ganz allgemein, wenn wir ehrlich sind) üblicherweise nicht so verlaufen wie geplant. Manager ziehen um das ganze Projektteam eine Deadline[1], externe Partner bauen ihre APIs anders als versprochen und die Softwareprodukte, von denen wir abhängig sind, funktionieren nicht so, wie wir es erwarten.

Und dann ist da noch Ihre eigene Softwarearchitektur. Zu Anfang war sie so einfach. Alles war klar und schön. Dann zwang die Deadline Sie dazu, Abkürzungen zu nehmen. Die Abkürzungen sind nun alles, was von der Architektur geblieben ist, und es dauert länger und länger, neue Features abzuliefern.

Ihre von Abkürzungen belastete Architektur macht es schwer, auf eine API zu reagieren, die geändert werden musste, weil ein externer Partner Mist gebaut hat. Es scheint leichter, einfach Ihren Projektmanager vorzuschicken, um diesem Partner mitzuteilen, dass er die API abliefern soll, auf die Sie sich geeinigt hatten.

Inzwischen haben Sie vollständig die Kontrolle über die Situation verloren. Mit hoher Wahrscheinlichkeit wird eines der folgenden Dinge passieren:

- Der Projektmanager ist nicht stark genug, um den Kampf gegen den externen Partner zu gewinnen.
- Der externe Partner findet ein Schlupfloch in der Spezifikation der API, das ihm recht gibt.
- Der externe Partner braucht weitere <hier Zahl einsetzen> Monate, um die API anzupassen.

1 Das Wort »Deadline« stammt angeblich aus dem 19. Jahrhundert und beschrieb eine Linie, die um ein Gefängnis oder Gefangenenlager gezogen wurde. Ein Gefangener, der diese Linie überquerte, wurde erschossen. Behalten Sie das im Hinterkopf, wenn wieder einmal jemand eine »Deadline« zieht! Im Deutschen gibt es den viel harmloseren – wenn auch bürokratischer klingenden – Begriff des »Fälligkeitstermins«. Falls Sie gern gefährlicher leben, können Sie auch von einer »Galgenfrist« sprechen – das ist die kurze Zeit, die einem noch bis zu einem unangenehmen Ereignis (dem Gang zum Galgen) bleibt.

All das führt zum selben Ergebnis ? Sie müssen schnell Ihren Code ändern, weil die Deadline droht.

Sie fügen eine weitere Abkürzung ein.

Anstatt den Zustand Ihrer Softwarearchitektur durch äußere Umstände diktieren zu lassen, setzt dieses Buch darauf, dass Sie selbst die Kontrolle übernehmen. Sie erreichen dies, indem Sie eine Architektur erschaffen, die Ihre Software »soft«, also »weich« macht, im Sinne von »flexibel«, »erweiterbar« und »anpassbar«. Eine solche Architektur erlaubt es Ihnen problemlos, auf externe Faktoren zu reagieren und nimmt eine große Last von Ihren Schultern.

Das Ziel dieses Buches

Ich habe dieses Buch geschrieben, weil ich von der Praktikabilität der verfügbaren Ressourcen über domänenzentrierte Architekturstile enttäuscht war. Zu diesen Architekturstilen gehören *Clean Architecture* von Robert C. Martin und *Hexagonal Architecture* von Alistair Cockburn.

Viele Bücher und Online-Ressourcen beschreiben wertvolle Konzepte, aber nicht, wie man diese tatsächlich implementieren kann. Das liegt vermutlich daran, dass es mehr als eine Möglichkeit gibt, einen Architekturstil zu implementieren.

Mit einer praktischen Diskussion über das Herstellen einer Webanwendung im Stil einer Hexagonalen Architektur bzw. im »Ports-und-Adapter«-Stil versuche ich, diese Lücke zu füllen. Um dieses Ziel zu erreichen, demonstrieren die Codebeispiele und Konzepte in diesem Buch meine Interpretation der Implementierung einer Hexagonalen Architektur. Es gibt ganz sicher andere Interpretationen und ich erhebe auch nicht den Anspruch, dass meine *die* allgemeingültige Lösung ist.

Ich hoffe jedoch, dass die Konzepte in diesem Buch Ihnen eine gewisse Inspiration bieten, sodass Sie Ihre eigene Interpretation der Hexagonalen/Clean Architecture finden.

An wen sich dieses Buch richtet

Dieses Buch ist für Softwareentwickler aller Erfahrungsstufen gedacht, die sich mit dem Erstellen von Webanwendungen befassen.

Als Einsteiger oder Einsteigerin lernen Sie, wie Sie Softwarekomponenten und ganze Anwendungen auf saubere und wartbare Art und Weise entwerfen. Sie erfahren auch etwas darüber, wann Sie eine bestimmte Technik einsetzen können und sollten. Um wirklich den größten Nutzen aus diesem Buch zu ziehen, sollten Sie allerdings bereits einmal an der Erstellung einer Webanwendung mitgewirkt haben.

Als Entwicklerin und Entwickler mit größerer Erfahrung haben Sie Gelegenheit, die Konzepte aus dem Buch mit Ihrer eigenen Vorgehensweise zu vergleichen und hoffentlich einige davon in Ihren eigenen Entwicklungsstil zu integrieren.

Die Codebeispiele sind in Java und Kotlin geschrieben, aber alle Erörterungen lassen sich gleichermaßen auf andere objektorientierte Programmiersprachen anwenden. Falls Sie kein Java-Programmierer sind, aber objektorientierten Code in anderen Sprachen lesen können, ist alles gut. An den wenigen Stellen, an denen wir Java- oder Framework-Spezifika benötigen, werde ich diese erklären.

Die Beispielanwendung

Um einen thematischen roten Faden in diesem Buch zu haben, zeigen die meisten Codebeispiele Ausschnitte einer beispielhaften Webanwendung für Online-Überweisungen. Sie trägt den Namen »BuckPal«[2].

Die BuckPal-Anwendung erlaubt es einem Benutzer, ein Konto zu registrieren, Geld zwischen Konten zu transferieren und die Aktivitäten auf dem Konto (Ein- und Auszahlungen) einzusehen.

Ich bin kein Finanzspezialist, also versuchen Sie nicht, den Beispielcode anhand seiner rechtlichen oder funktionalen Korrektheit zu bewerten. Bewerten Sie ihn lieber anhand seiner Struktur und seiner Wartbarkeit.

Der Fluch von Beispielanwendungen für Softwaretechnikbücher und Online-Ressourcen liegt darin, dass sie zu einfach sind, um tatsächlich die realen Probleme anzusprechen, mit denen Sie sich jeden Tag auseinandersetzen müssen. Andererseits muss eine Beispielanwendung einfach genug bleiben, um die diskutierten Konzepte effektiv zu vermitteln.

Ich hoffe, das richtige Gleichgewicht zwischen »zu einfach« und »zu komplex« gefunden zu haben, wenn wir die Anwendungsfälle der BuckPal-Anwendung in diesem Buch diskutieren.

Der Code der Beispielanwendung ist auf GitHub zu finden.[3]

2 Eine schnelle Online-Suche hat ergeben, dass ein Unternehmen namens PayPal meine Idee gestohlen und sogar einen Teil des Namens kopiert hat. Scherz beiseite: Versuchen Sie einmal, einen Namen zu finden, der so ähnlich ist wie »PayPal«, aber nicht der Name eines existierenden Unternehmens ist. Zum Schreien komisch!

3 Das BuckPal-GitHub-Repository: `https://github.com/thombergs/buckpal`.

Treten Sie in Kontakt

Falls Sie etwas zu diesem Buch sagen möchten, würde ich mich freuen, von Ihnen zu hören. Schreiben Sie mir direkt eine E-Mail an `tom@reflectoring.io` oder auf Twitter über `@TomHombergs`.

Sollte es zu diesem Buch bereits eine Errata-Liste geben, ist sie unter `www.mitp.de/0814` zu finden.

Kapitel 1

Wartbarkeit

Dieses Buch dreht sich um Softwarearchitektur. Eine der Definitionen von *Architektur* ist *die Struktur eines Systems oder Prozesses*. In unserem Fall ist es die Struktur eines Softwaresystems.

Architektur ist das Entwerfen dieser Struktur mit einem Zweck. Sie gestalten Ihr Softwaresystem bewusst so, dass es bestimmte Anforderungen erfüllt. Es gibt funktionale Anforderungen, die eine Software erfüllen muss, um einen Nutzen für ihre Benutzer zu haben. Ohne Funktionalität ist Software wertlos, da sie keinen Nutzen besitzt.

Außerdem gibt es **Qualitätsanforderungen** (auch **nichtfunktionale Anforderungen** genannt), die eine Software erfüllen sollte, um von ihren Benutzern, Entwicklern und anderen Stakeholdern als qualitativ hochwertig betrachtet zu werden. Eine solche Qualitätsanforderung ist die **Wartbarkeit**.

Was würden Sie sagen, wenn ich behauptete, dass Wartbarkeit als Qualitätsmerkmal in gewisser Weise viel wichtiger ist als die Funktionalität und Sie die Wartbarkeit beim Entwurf von Software daher über alles andere stellen sollten? Nachdem wir die Wartbarkeit als wichtige Qualität etabliert haben, werden wir im Rest des Buches untersuchen, wie wir diese Wartbarkeit verbessern können, indem wir die Konzepte von Clean Architecture und Hexagonaler Architektur anwenden.

1.1 Was bedeutet Wartbarkeit überhaupt?

Bevor Sie mich für verrückt erklären und versuchen, das Buch zurückzugeben, lassen Sie mich Ihnen erklären, was ich mit Wartbarkeit meine.

Wartbarkeit ist nur eine der vielen Qualitätsanforderungen, die potenziell eine Softwarearchitektur ausmachen. Ich habe ChatGPT nach einer Liste von Qualitätsanforderungen gefragt und folgendes Ergebnis erhalten:

- Skalierbarkeit
- Flexibilität
- Wartbarkeit
- Sicherheit
- Zuverlässigkeit

- Modularität
- Performance
- Interoperabilität
- Testbarkeit
- Kosteneffizienz

Und das ist nur eine kleine Auswahl.[1]

Als Softwarearchitekten entwerfen Sie Ihre Software so, dass sie die Qualitätsanforderungen erfüllt, die für die Software am wichtigsten sind. Für eine Trading-Anwendung mit hohem Durchsatz würden Sie sich zum Beispiel auf Skalierbarkeit und Zuverlässigkeit konzentrieren. Befasst sich die Anwendung mit persönlichen Informationen in Deutschland, müsste die Sicherheit an erster Stelle stehen.

Ich glaube, dass es falsch ist, die Wartbarkeit mit den restlichen Qualitätsanforderungen in einen Topf zu werfen, da Wartbarkeit etwas Besonderes ist. Ist eine Software wartbar, dann bedeutet dies, dass sie leicht zu ändern ist. Ist sie leicht zu ändern, dann ist sie flexibel und vermutlich auch modular. Wahrscheinlich ist sie auch kosteneffizient, da leichte Änderungen gleichbedeutend sind mit günstigen Änderungen. Ist sie wartbar, kann man sie vermutlich weiterentwickeln, sodass sie skalierbar, sicher, zuverlässig und performant ist, wenn sich das alles als notwendig erweisen sollte. Man kann die Software so verändern, dass sie mit anderen Systemen interoperabel wird, weil dies leicht zu ändern ist. Und schließlich impliziert die Wartbarkeit auch eine Testbarkeit, da wartbare Software mit hoher Wahrscheinlichkeit aus kleineren und einfacheren Komponenten besteht, die das Testen erleichtern.

Sie erkennen sicher, was ich hier gemacht habe. Ich habe die KI nach einer Liste von Qualitätsanforderungen gefragt und diese dann alle wieder auf Wartbarkeit zurückgeführt. Mit ähnlich plausiblen Argumenten könnte ich vermutlich noch viel mehr Qualitätsanforderungen an Wartbarkeit koppeln. Das ist natürlich ein bisschen vereinfacht, aber im Kern stimmt es: Wenn die Software wartbar ist, dann ist es einfacher, sie in alle Richtungen weiterzuentwickeln, funktional und nichtfunktional. Und wir alle wissen, dass Änderungen im Leben eines Softwaresystems unausweichlich sind.

1.2 Wartbarkeit führt zu Funktionalität

Kommen wir zurück zu meiner Behauptung vom Anfang dieses Kapitels, dass Wartbarkeit wichtiger ist als Funktionalität.

---

1 Wenn Sie ein paar Ideen in Bezug auf Softwarequalität haben möchten (die von Menschen und nicht von einem Sprachmodell stammen), schauen Sie unter `https://quality.arc42.org` nach.

Fragen Sie einen Produktmenschen, was an einem Softwareprojekt am wichtigsten ist, dann wird er oder sie Ihnen sagen, dass der Wert, den die Software den Benutzern bietet, die wichtigste Sache ist. Mit Software, die ihren Benutzern keinen Wert bietet, ist kein Geld zu verdienen. Und ohne zahlende Benutzer gibt es kein funktionierendes Geschäftsmodell, das das wesentliche Maß für den Erfolg im Geschäftsleben ist.

Die Software muss also einen Wert bieten. Dies darf sie aber nicht auf Kosten der Wartbarkeit tun.[2] Denken Sie einmal darüber nach, wie viel effizienter und befriedigender es ist, Funktionalität zu einem Softwaresystem hinzuzufügen, das leicht zu ändern ist, als zu einem, bei dem Sie sich zeilenweise durch den Code kämpfen müssen! Ich bin mir ziemlich sicher, dass auch Sie schon einmal an einem dieser Softwareprojekte mitgearbeitet haben, bei denen es so viel überflüssigen Kram im Code gibt, dass es Tage oder Wochen dauert, um ein Feature zu entwickeln, das eigentlich nur ein paar Stunden zur Fertigstellung brauchen sollte.

Entsprechend ist Wartbarkeit also eine entscheidende Stütze für die Funktionalität. Schlechte Wartbarkeit bedeutet, dass Änderungen in der Funktionalität mit der Zeit immer teurer werden, wie Abbildung 1.1 zeigt:

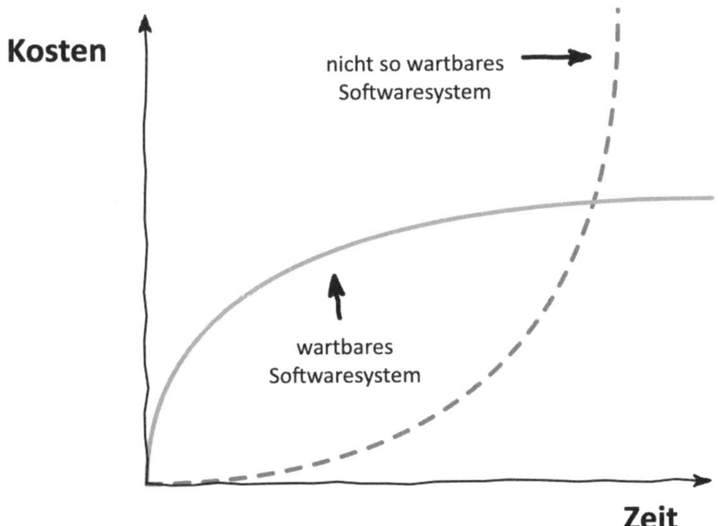

Abb. 1.1: Ein wartbares Softwaresystem verursacht über seine Lebenszeit geringere Kosten als ein nicht so gut wartbares Softwaresystem.

2 Im Kontext dieses Buches benutze ich den Begriff »Wartbarkeit« synonym zu »Veränderlichkeit einer Codebasis«. Siehe `https://quality.arc42.org/qualities/maintainability` für einige Definitionen von Wartbarkeit (die alle mit dem Ändern der Software zu tun haben).

In einem weniger gut wartbaren Softwaresystem werden Änderungen an der Funktionalität schon bald so teuer, dass jede Änderung ein Ärgernis wird. Die Produktleute beschweren sich bei den Entwicklern über die Kosten der Änderungen. Die Entwickler verteidigen sich wiederum damit, dass die Auslieferung neuer Features immer eine höhere Priorität hatte als die Verbesserung der Wartbarkeit. Mit zunehmenden Änderungskosten steigt auch die Wahrscheinlichkeit von Konflikten.

Wartbarkeit ist ein Friedensstifter. Sie ist umgekehrt proportional zu den Kosten von Änderungen und daher auch zur Wahrscheinlichkeit eines Konflikts. Haben Sie schon einmal darüber nachgedacht, die Wartbarkeit eines Softwaresystems zu verbessern, nur um einen Konflikt zu vermeiden? Ich denke, das allein ist schon eine gute Investition.

Was ist jedoch mit den großen Softwaresystemen, die trotz ihrer schlechten Wartbarkeit erfolgreich sind? Es stimmt, dass es kommerziell erfolgreiche Softwaresysteme auf dem Markt gibt, die kaum gewartet werden können. Ich habe an Systemen gearbeitet, bei denen das Hinzufügen eines einzigen Feldes zu einem Formular ein Projekt war, das Wochen an Entwicklerzeit kostete – und der Kunde hat meinen geforderten Stundensatz bezahlt, ohne mit der Wimper zu zucken.

Diese Systeme fallen üblicherweise in eine von zwei Kategorien (manchmal auch in beide):

- Sie sind am Ende ihres Lebens, sodass nur noch ausgesprochen selten Änderungen an ihnen vorgenommen werden.
- Sie werden von einem finanziell gut aufgestellten Unternehmen gestützt, das bereit ist, Geld in das Problem zu stecken.

Selbst wenn ein Unternehmen viel Geld aufwenden kann, erkennt es normalerweise, dass es die Wartungskosten reduzieren könnte, indem es in die Wartbarkeit investiert. Üblicherweise sind in solchen Unternehmen daher bereits Initiativen auf dem Weg, um die Software besser wartbar zu machen.

Sie sollten sich immer um die Wartbarkeit der Software sorgen, die Sie entwickeln, damit diese nicht zu dem gefürchteten **Big Ball of Mud** (einer großen Matschkugel) degeneriert. Falls Ihre Software jedoch nicht in eine der zwei genannten Kategorien fällt, müssen Sie sich sogar noch mehr Sorgen um sie machen.

Heißt das, Sie brauchen viel Zeit, um eine wartbare Architektur zu planen, bevor Sie überhaupt mit dem Programmieren beginnen? Müssen Sie ein **Big Design Up Front (BDUF)** – eine vorher festgelegte Architektur – schaffen, was oft mit der Wasserfall-Methode gleichgesetzt wird?! Nein, das müssen Sie nicht. Aber Sie müssen zumindest ein bisschen was an Architektur planen (vielleicht sollten wir dies dann **Some Design Up Front** bzw. **SDUF** nennen?), um den Samen der Wartbarkeit in die Software einzupflanzen, der es Ihnen erleichtern dürfte, die Architektur mit der Zeit in die gewünschte Richtung zu entwickeln.

Teil dieses Vorab-Designs ist die Wahl eines Architekturstils, der den Rahmen für die Software definiert, die Sie entwickeln. Dieses Buch wird Ihnen helfen zu entscheiden, ob eine *Clean Architecture* – oder *Ports-und-Adapter-/Hexagonale*-Architektur – für Ihren Kontext eine gute Entscheidung ist.

1.3 Wartbarkeit erzeugt Entwicklerfreude

Würden Sie als Entwicklerin oder Entwickler lieber an Software arbeiten, bei der Änderungen einfach sind, oder an Software, bei der Änderungen schwer sind? Nicht antworten, es ist eine rhetorische Frage!

Abgesehen vom direkten Einfluss auf die Änderungskosten hat Wartbarkeit noch einen weiteren Vorteil: Sie macht Entwickler glücklich (oder zumindest macht sie sie weniger traurig – je nachdem, wie das aktuelle Projekt gerade läuft).

Der Begriff, mit dem ich dieses Glück beschreiben möchte, lautet **Developer Joy**, also quasi Entwicklerfreude. Man könnte auch **Developer Experience** (das Erlebnis des Entwicklers) oder **Developer Enablement** (Ermächtigung oder Förderung des Entwicklers) dazu sagen. Doch ganz egal, wie Sie es nennen, es bedeutet, dass Sie den Kontext zur Verfügung stellen, den Entwickler brauchen, um ihre Arbeit gut zu erledigen.

Freude und Spaß der Entwickler stehen in einer direkten Beziehung zur Produktivität. Wenn die Entwickler glücklich sind, dann arbeiten sie im Allgemeinen besser. Und wenn sie gute Arbeit verrichten, dann sind sie glücklicher. Es gibt eine wechselseitige Korrelation zwischen Entwicklerfreude und Entwicklerproduktivität:

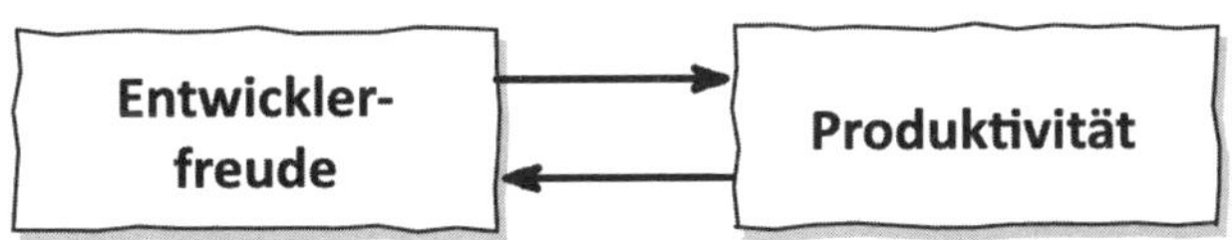

Abb. 1.2: Entwicklerfreude beeinflusst die Entwicklerproduktivität und umgekehrt.

Diese Korrelation wird im *SPACE-Framework* für Entwicklerproduktivität anerkannt.[3] SPACE liefert zwar keine einfache Antwort darauf, wie man die Entwicklerproduktivität messen könnte, stellt aber fünf Kategorien für bestimmte Metriken zur Verfügung, sodass wir bewusst einen Satz an Metriken wählen können, die all diese Kategorien abdecken, um die Entwicklerproduktivität im Kontext

3 *The SPACE of Developer Productivity* von Nicole Forsgren et al., 6. März 2021. »SPACE« ist eine Abkürzung für Satisfaction und Well-Being, Performance, Activity, Communication und Collaboration sowie Efficiency und Flow (Zufriedenheit und Wohlbefinden, Performance, Aktivität, Kommunikation und Zusammenarbeit sowie Effizienz und Fluss).
Siehe `https://queue.acm.org/detail.cfm?id=3454124`.

unseres Unternehmens und unserer Projekte am besten zu messen. Eine dieser Kategorien (das **S** in **SPACE**) ist **Satisfaction und Well-Being** (Zufriedenheit und Wohlbefinden), die ich für dieses Kapitel in Entwicklerfreude und Developer Joy übersetze.

Entwicklerfreude führt nicht nur zu besserer Produktivität, sondern natürlich auch zu einer größeren Treue gegenüber dem Arbeitgeber (zu Englisch »developer retention«, also die Verweildauer beim gleichen Arbeitgeber). Ein Entwickler, der Freude an seiner Arbeit hat, bleibt beim Unternehmen. Oder anders ausgedrückt, ein Entwickler, dem seine Arbeit keinen Spaß macht, sieht sich wahrscheinlich schnell nach etwas Besserem um.

An welcher Stelle kommt hier nun die Wartbarkeit ins Spiel? Nun, wenn Ihr Softwaresystem wartbar ist, dann brauchen Sie weniger Zeit, um eine Änderung zu implementieren, sind also produktiver. Ist Ihr Softwaresystem wartbar, dann macht es Ihnen mehr Freude, Änderungen vorzunehmen, weil es effizienter ist und es Ihnen mehr Genugtuung bringt. Selbst wenn Ihr Softwaresystem nicht so gut wartbar ist, wie Sie es gern hätten (ehrlich gestanden, ist das eine Tautologie), aber Sie die Gelegenheit haben, im Laufe der Zeit die Wartbarkeit zu verbessern, sind Sie glücklicher und produktiver. Und wenn Sie glücklich sind, dann bleiben Sie wahrscheinlich auch länger im Unternehmen.

In Diagrammform ausgedrückt, sieht das so aus wie in Abbildung 1.3 gezeigt.

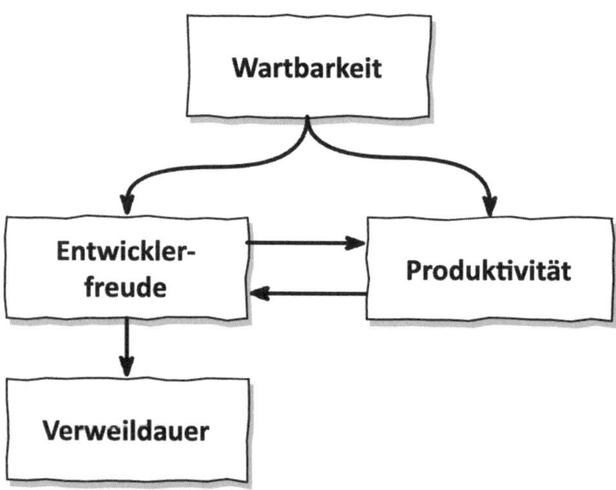

Abb. 1.3: Wartbarkeit hat einen direkten Einfluss auf Entwicklerfreude und -produktivität, während die Entwicklerfreude die Verweildauer der Entwickler beim selben Unternehmen beeinflusst.

1.4 Wartbarkeit unterstützt die Entscheidungsfindung

Bei der Entwicklung eines Softwaresystems lösen Sie jeden Tag Probleme. Für die meisten Probleme, denen Sie begegnen, gibt es mehr als eine Lösung. Sie müssen daher Entscheidungen treffen, um zwischen diesen Lösungen zu wählen.

Kopieren Sie dieses Stück Code für das neue Feature, das Sie erstellen? Erschaffen Sie Ihre Objekte selbst oder verwenden Sie ein Dependency Injection Framework? Benutzen Sie einen überladenen Konstruktor, um dieses Objekt herzustellen, oder erzeugen Sie einen Builder?

Viele dieser Entscheidungen werden Sie nicht einmal bewusst treffen. Sie wenden einfach nur ein Muster oder Prinzip an, von dem Sie intuitiv wissen, dass es in der aktuellen Situation funktioniert, wie etwa eines der folgenden:

- Sie setzen **Don't Repeat Yourself** (**DRY**) ein, wenn Sie Codeduplikate finden.
- Sie verwenden **Dependency Injection**, um den Code besser testbar zu machen.
- Sie führen einen **Builder** ein, um das Erzeugen eines Objekts zu vereinfachen.

Wenn Sie einen Blick auf diese und viele andere bekannte Muster werfen, dann müssen Sie sich fragen: Welche Wirkung haben sie? In vielen Fällen besteht ihr wichtigster Effekt darin, dass der Code in Zukunft leichter geändert werden kann (das heißt, Sie machen ihn besser wartbar). Wartbarkeit ist in viele der Entscheidungen, die Sie täglich treffen, automatisch eingebaut!

Sie können sich das zunutze machen, wenn Ihnen schwierigere Entscheidungen bevorstehen, die mehr erfordern als nur das Durchlaufen eines vorgefertigten Musters. *Immer wenn Sie zwischen mehreren Optionen entscheiden müssen, können Sie diejenige wählen, die den Code künftig leichter veränderbar macht.*[4] Kein qualvolles Ringen mehr zwischen unterschiedlichen Möglichkeiten. Sie nehmen einfach die, mit der die Wartbarkeit am meisten verbessert wird. Grafisch ausgedrückt ist das ziemlich einfach (siehe Abbildung 1.4):

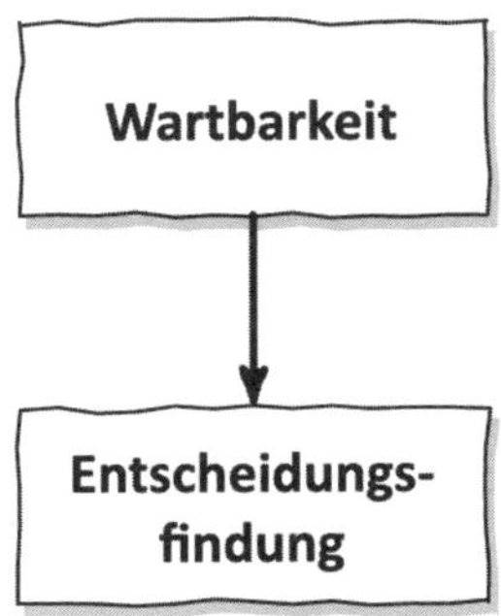

Abb. 1.4: Wartbarkeit beeinflusst die Entscheidungsfindung.

4 Bei einem Talk im Jahre 2022 nannte (Pragmatic) Dave Thomas dieses Prinzip »One Rule to Rule Them All« (Eine Regel, sie alle zu beherrschen). Ich habe diesen Talk online nicht gefunden, hoffe aber, dass er ihn irgendwann einmal auf seiner Website zur Verfügung stellt. Siehe `https://pragdave.me/talks-and-interviews.html`.

Wie die meisten Prinzipien ist auch dieses natürlich eine Vereinfachung. In einem bestimmten Kontext könnte die richtige Entscheidung diejenige sein, die Option zu nehmen, mit der die Wartbarkeit nicht verbessert oder vielleicht sogar verringert wird. Doch als Standardregel, auf die man sich zunächst berufen könnte, ist die Wahl der Wartbarkeit als Richtlinie etwas, das die tägliche Entscheidungsfindung vereinfacht.

1.5 Die Wartbarkeit bewahren

Also gut. Ich nehme an, Sie glauben mir nun, dass die Wartbarkeit positiven Einfluss auf Entwicklerfreude, Produktivität und Entscheidungsfindung hat. Woher wissen Sie, dass die Änderungen, die Sie an Ihrer Codebasis vornehmen, die Wartbarkeit erhöhen (oder zumindest nicht verringern)? Wie verwalten Sie die Wartbarkeit über die Zeit?

Die Antwort auf diese Frage besteht darin, eine Architektur zu erschaffen und zu bewahren, die es Ihnen erleichtert, wartbaren Code herzustellen. Eine gute Architektur macht es leicht, durch die Codebasis zu navigieren. In einer leicht zu navigierenden Codebasis ist es kein Problem, vorhandene Features zu modifizieren oder neue hinzuzufügen. Die Abhängigkeiten zwischen den Komponenten Ihrer Anwendung sind klar und nicht verworren. Zusammengefasst: Gute Architektur erhöht die Wartbarkeit:

In der Folge verstärkt eine gute Architektur Freude, Produktivität und Verweilzeit der Entwickler und verbessert die Entscheidungsfindung. Man könnte noch weitergehen und mehr Dinge finden, die direkt oder indirekt von der Softwarearchitektur beeinflusst werden.

Diese Korrelation bedeutet, dass Sie gründlich darüber nachdenken sollten, wie Sie Ihren Code strukturieren. Wie gruppieren Sie Ihre Codedateien in Komponenten? Wie verwalten Sie die Abhängigkeiten zwischen diesen Komponenten? Welche Abhängigkeiten sind notwendig und welche sollten vermieden werden, um die Codebasis flexibel genug für Änderungen zu halten?

Das bringt uns zum Zweck dieses Buches. Es zeigt Ihnen eine Möglichkeit, eine Codebasis zu strukturieren, um sie wartbar zu machen. Der Architekturstil, der in diesem Buch beschrieben wird, ist eine Methode, um eine Clean/Hexagonale Architektur zu implementieren. Dieser Architekturstil ist allerdings kein Allheilmittel, um alle Probleme bei der Entwicklung von Software zu lösen. Wie Sie in *Kapitel 15, Sich für einen Architekturstil entscheiden*, erfahren werden, eignet er sich nicht für alle Arten von Softwareanwendungen.

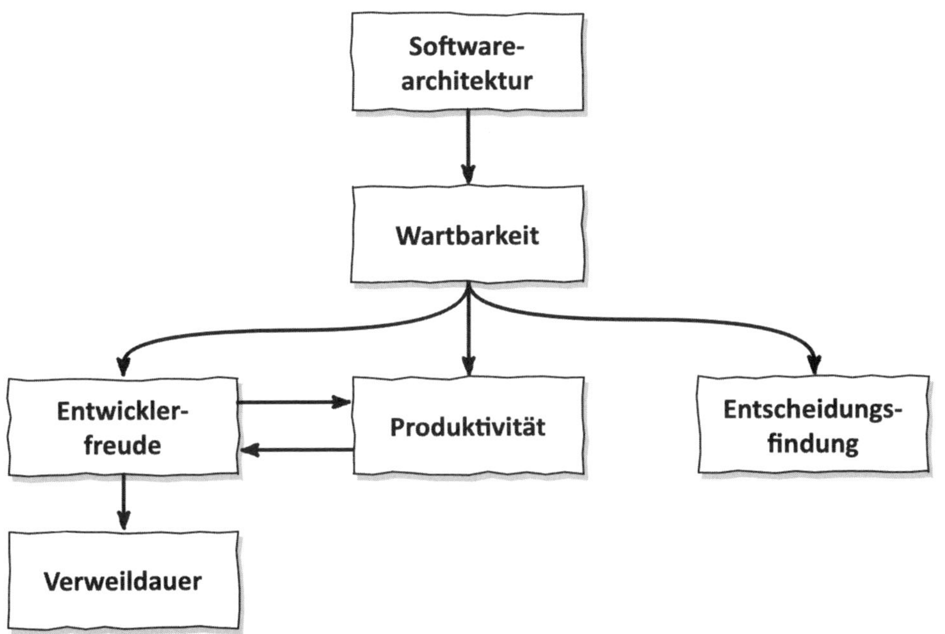

Abb. 1.5: Die Softwarearchitektur beeinflusst die Wartbarkeit.

Ich ermutige Sie, die Erkenntnisse aus diesem Buch zu nutzen, mit den Ideen herumzuspielen, sie zu modifizieren, um sie sich zu eigen zu machen, und sie dann in Ihren Werkzeugkasten aufzunehmen, um sie im passenden Kontext parat zu haben. Am Ende aller folgenden Kapitel werden Sie jeweils den Abschnitt *Wie hilft Ihnen dies, wartbare Software zu entwickeln?* finden. Dort werden die wichtigsten Gedanken aus dem jeweiligen Kapitel zusammengefasst, sodass Sie hoffentlich in die Lage versetzt werden, gute Entscheidungen hinsichtlich der Architektur Ihrer aktuellen oder künftigen Projekte zu treffen.

Kapitel 2

Was ist so falsch an Schichten?

Es ist nicht ganz unwahrscheinlich, dass Sie in der Vergangenheit bereits einmal eine geschichtete (Web-)Anwendung entwickelt haben. Vielleicht machen Sie das sogar gerade in Ihrem aktuellen Projekt.

Das Denken in Schichten wird uns in Informatikkursen, Tutorials und Best Practices eingebläut und sogar in Büchern gelehrt.[1]

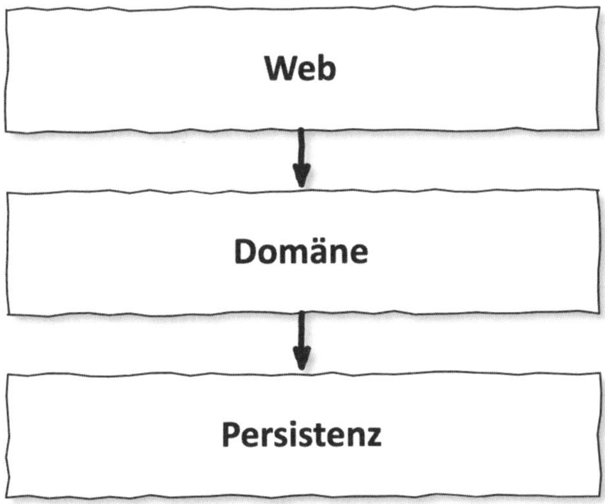

Abb. 2.1: Die Architektur einer herkömmlichen Webanwendung besteht aus einer Webschicht, einer Domänenschicht und einer Persistenzschicht.

Abbildung 2.1 zeigt ganz grob die sehr verbreitete Dreischichtenarchitektur. Es gibt eine Webschicht, die Anfragen entgegennimmt und diese an einen Service in der Domänenschicht weiterleitet.[2] Der Service führt irgendeine Businesslogik aus

1 Schichten als ein Muster werden z. B. in *Software Architecture Patterns* von Mark Richards, O'Reilly, 2015, gelehrt.

2 Domäne oder Business/Geschäft? Ich benutze in diesem Buch die Begriffe »Domäne« und »Business« synonym. Die Domänenschicht oder Businessschicht ist die Stelle im Code, die Businessprobleme löst – im Gegensatz zu dem Code, der technische Probleme löst wie das Persistieren von Dingen in einer Datenbank oder das Verarbeiten von Webanfragen.

und ruft Komponenten aus der Persistenzschicht auf, um den aktuellen Zustand unserer Domänen-Entities in der Datenbank abzufragen oder zu modifizieren.

Wissen Sie was? Schichten sind ein ganz solides Architekturmuster! Wenn man sie richtig anlegt, kann man eine Domänenlogik erstellen, die unabhängig von den Web- und Persistenzschichten ist. Bei Bedarf könnte man die Web- oder Persistenztechnologien austauschen, ohne dass die Domänenlogik beeinflusst wird. Man kann sogar neue Features hinzufügen, ohne die vorhandenen Features zu beeinflussen.

Mit einer gut geschichteten Architektur halten Sie sich alle Möglichkeiten offen und sind in der Lage, sich schnell an die sich ändernden Anforderungen und externen Faktoren (wenn der Datenbankanbieter etwa über Nacht die Kosten verdoppelt) anzupassen. Eine gut geschichtete Architektur ist wartbar.

Was ist daher so schlimm an Schichten?

Meiner Erfahrung nach ist eine herkömmliche Schichtenarchitektur sehr anfällig für Änderungen. Ungewollte Abhängigkeiten können sich einschleichen und es im Laufe der Zeit immer schwieriger machen, die Software zu ändern. Schichten bieten nicht genügend Unterstützung, um die Architektur auf der richtigen Bahn zu halten. Man muss sich zu sehr auf die Disziplin und Sorgfalt der Entwickler verlassen, um die Wartbarkeit zu bewahren.

In den folgenden Abschnitten erkläre ich Ihnen, wieso das so ist.

2.1 Sie fördern ein datenbankgetriebenes Design

Per Definition ist die Datenbank die Grundlage einer herkömmlichen geschichteten Architektur. Die Webschicht ist von der Domänenschicht abhängig, die wiederum von der Persistenzschicht und damit der Datenbank abhängt. Alles baut auf der Persistenzschicht auf. Das ist aus mehreren Gründen problematisch.

Treten Sie einen Schritt zurück und denken Sie darüber nach, was Sie mit nahezu jeder Anwendung erreichen wollen, die Sie entwickeln. Typischerweise möchten Sie ein Modell der Regeln oder »Policies« entwickeln, die das Geschäft bestimmen, um es den Benutzerinnen und Benutzern zu erleichtern, mit ihnen zu interagieren.

In erster Linie versuchen Sie, ein Verhalten zu modellieren, nicht den Zustand. Ja, der Zustand ist ein wichtiger Teil einer Anwendung, aber das Verhalten ändert den Zustand und treibt damit das Geschäft an!

Weshalb also ist die Datenbank die Grundlage Ihrer Architektur und nicht die Domänenlogik?

Denken Sie zurück an die letzten Anwendungsfälle, die Sie in einer Anwendung implementiert haben. Haben Sie mit der Domänenlogik begonnen oder mit der Persistenzschicht? Mit hoher Wahrscheinlichkeit haben Sie darüber nachgedacht, wie die Datenbankstruktur aussehen müsste, und sind dann erst dazu übergegangen, die Domänenlogik darauf zu implementieren.

In einer herkömmlichen geschichteten Architektur ist das sinnvoll, da Sie dem natürlichen Fluss der Abhängigkeiten folgen. Aus Sicht der Geschäftslogik dagegen ist es absolut gar nicht sinnvoll! Sie sollten die Domänenlogik vor allem anderen erstellen! Schließlich möchten Sie herausfinden, ob Sie die Regeln des Business richtig verstanden haben. Und erst wenn Sie wissen, dass Sie die richtige Domänenlogik erstellen, sollten Sie um diese herum eine Persistenz- und Webschicht erstellen.

Eine treibende Kraft in solch einer datenbankzentrierten Architektur ist die Verwendung von ORM-Frameworks (**Object-Relational Mapping**). Verstehen Sie mich nicht falsch, ich mag diese Frameworks und arbeite regelmäßig mit ihnen. Aber wenn man ein ORM-Framework mit einer geschichteten Architektur mischt, dann ist man leicht versucht, Business-Regeln mit Aspekten der Persistenz zu mischen.

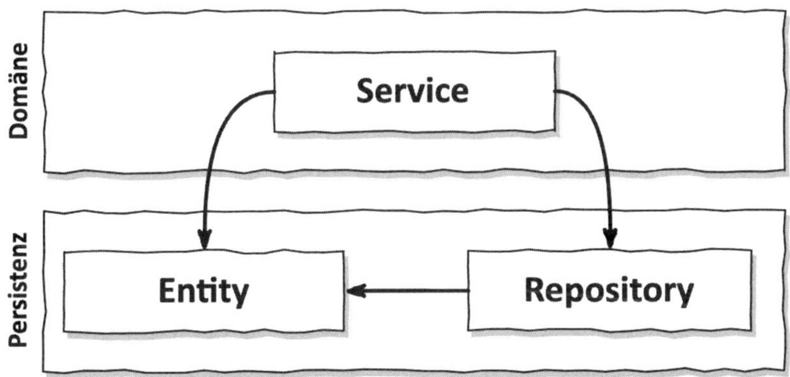

Abb. 2.2: Die Verwendung von Datenbank-Entities in der Domänenschicht führt zu einer starken Kopplung mit der Persistenzschicht.

Normalerweise hat man ORM-verwaltete Entities als Teil der Persistenzschicht, wie Abbildung 2.2 zeigt. Da eine Schicht auf Schichten zugreifen kann, die unter ihr liegen, darf die Domänenschicht auf diese Entities zugreifen. Und wenn es ihr erlaubt ist, sie zu benutzen, dann wird sie das irgendwann auch einmal tun.

Dies erzeugt eine starke Kopplung zwischen der Domänenschicht und der Persistenzschicht. Die Business-Services nutzen das Persistenzmodell als ihr Business-Modell und müssen nicht nur mit der Domänenlogik zurechtkommen, sondern auch mit Eager versus Lazy Loading, Datenbanktransaktionen, Caching und ähnlichen Verwaltungsaufgaben.[3]

Der Persistenzcode ist praktisch mit dem Domänencode verschmolzen, sodass es schwierig ist, den einen ohne den anderen zu ändern. Das ist genau das Gegenteil davon, flexibel zu sein und sich alle Möglichkeiten offenzuhalten, was das Ziel Ihrer Architektur sein sollte.

2.2 Sie sind anfällig für Abkürzungen

In einer herkömmlichen geschichteten Architektur lautet die einzige globale Regel, dass man von einer bestimmten Schicht aus nur auf Komponenten in derselben Schicht oder in einer darunter liegenden Schicht zugreifen kann. Das Entwicklungsteam könnte sich auf weitere Regeln geeinigt haben, und einige davon könnten sogar durch Tooling durchgesetzt werden, aber der geschichtete Architekturstil selbst ist nicht derjenige, der Ihnen diese Regeln auferlegt.

Falls Sie also Zugriff auf eine bestimmte Komponente in einer Schicht über unserer Schicht brauchen, können Sie die Komponente einfach eine Ebene nach unten schieben und dürfen dann darauf zugreifen. Problem gelöst. Dies einmal zu machen, ist vermutlich okay. Macht man es aber einmal, dann hindert einen eigentlich nichts daran, es erneut zu tun. Und wenn jemand anderes es durfte, dann darf ich es doch auch, oder?!

Ich sage nicht, dass wir als Entwicklerin und Entwickler solche Abkürzungen leichtfertig gehen. Doch wenn es die Möglichkeit gibt, etwas zu tun, dann wird irgendjemand es auch machen, vor allem im Zusammenhang mit einer drohenden Deadline. Und wenn etwas schon einmal gemacht wurde, erhöht sich ganz drastisch die Wahrscheinlichkeit, dass jemand es erneut tut. Dies ist ein psychologischer Effekt, der als **Broken-Windows-Theorie** bezeichnet wird – mehr dazu in *Kapitel 11, Bewusst Abkürzungen nehmen*.

Nach jahrelanger Entwicklung und Pflege eines Softwareprojekts könnte die Persistenzschicht irgendwann einmal aussehen wie in Abbildung 2.3.

Die Persistenzschicht (oder generischer ausgedrückt: die unterste Schicht) wächst stark an, wenn Sie Komponenten durch die Schichten nach unten schieben. Perfekte Kandidaten dafür sind Helfer- oder Utilitykomponenten, da diese nicht zu einer bestimmten Schicht zu gehören scheinen.

3 In seinem wegweisenden Buch *Refactoring* (Pearson, 2018) bezeichnet Martin Fowler dieses Symptom als »divergent change«, also »divergente Änderung«: die Notwendigkeit, scheinbar unzusammenhängende Teile des Codes zu ändern, um ein einzelnes Feature zu implementieren. Das ist ein »Code-Smell« (schlecht konstruierter Code), der eine Umstrukturierung (Refactoring) auslösen sollte.

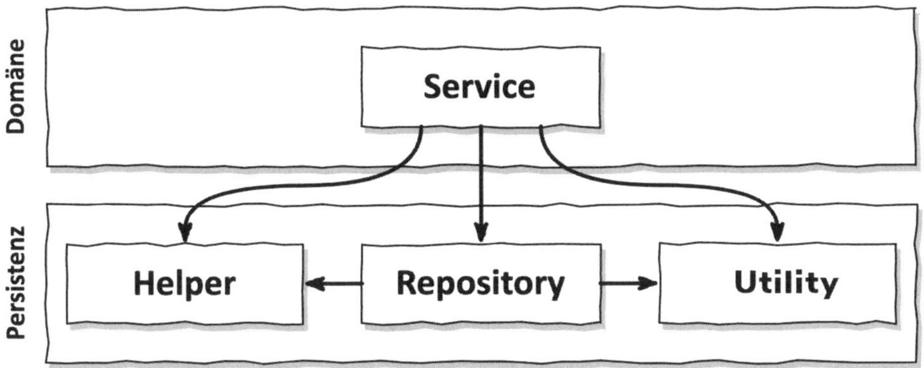

Abb. 2.3: Da eine Schicht auf alles in der Persistenzschicht zugreifen darf, bläht diese sich mit der Zeit ziemlich auf.

Falls Sie daher den *Abkürzungsmodus* für unsere Architektur deaktivieren wollen, sind Schichten nicht die beste Option, zumindest nicht, ohne irgendwelche zusätzlichen Architekturregeln durchzusetzen. Und mit *Durchsetzen* meine ich nicht irgendeinen erfahreneren Entwickler, der Code-Reviews durchführt, sondern automatisch durchgesetzte Regeln, die dafür sorgen, dass der Build fehlschlägt, wenn sie gebrochen werden.

2.3 Sie werden immer schwieriger zu testen

Eine übliche Entwicklung in einer geschichteten Architektur ist, dass Schichten übersprungen werden. Sie greifen direkt von der Webschicht auf die Persistenzschicht zu, da Sie nur ein einziges Feld eines Entitys verändern müssen. Dafür brauchen Sie die Domänenschicht nicht, oder?

Abbildung 2.4 zeigt, wie die Domänenschicht übersprungen und auf die Persistenzschicht direkt von der Webschicht aus zugegriffen wird.

Auch dies fühlt sich die ersten Male richtig an, hat aber zwei Nachteile, wenn es zu oft geschieht (was unweigerlich der Fall sein wird, wenn jemand den ersten Schritt gewagt hat).

Erstens implementieren Sie Domänenlogik in der Webschicht, auch wenn nur ein einziges Feld manipuliert wird. Was ist, wenn der Use Case in Zukunft erweitert wird? Sie werden mit hoher Wahrscheinlichkeit mehr Domänenlogik zu der Webschicht hinzufügen, Verantwortlichkeiten vermischen und wesentliche Domänenlogik über alle Schichten verstreuen.

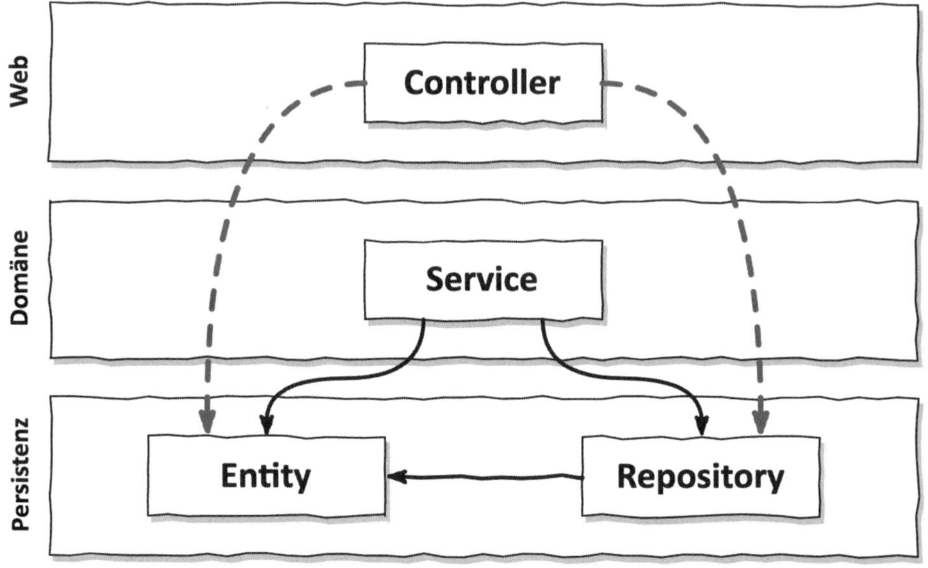

Abb. 2.4: Durch das Überspringen der Domänenschicht kann es passieren, dass Domänenlogik über die ganze Codebasis verstreut wird.

Zweitens müssen Sie in den Unit-Tests unserer Webschicht nicht nur die Abhängigkeiten auf der Domänenschicht verwalten, sondern auch die Abhängigkeiten auf der Persistenzschicht. Wenn Sie in Ihren Tests Mocks verwenden, bedeutet dies, dass Sie für beide Schichten Mocks erzeugen müssen. Dies erhöht die Komplexität der Tests. Und ein komplexes Test-Setup ist der erste Schritt zu einer Situation, in der überhaupt keine Tests mehr geschrieben werden, weil diese zu zeitaufwendig geworden sind. Mit zunehmender Größe könnte die Webkomponente eine Menge Abhängigkeiten zu verschiedenen Persistenzkomponenten entwickeln, wodurch die Tests noch komplexer werden. Irgendwann brauchen Sie mehr Zeit, um die Abhängigkeiten zu verstehen und Mocks für sie herzustellen, als tatsächlich den Testcode zu schreiben.

2.4 Sie verbergen die Use Cases

Als Entwickler möchte man gern neuen Code entwickeln, der glänzende neue Use Cases implementiert. Allerdings verbringt man normalerweise mehr Zeit damit, vorhandenen Code zu ändern, als neuen Code zu schreiben. Das gilt nicht nur für die gefürchteten Legacy-Projekte, bei denen man mit Code arbeitet, der schon mehrere Jahrzehnte auf dem Buckel hat, sondern auch für heiße neue Projekte, nachdem die ersten Use Cases implementiert wurden.

Da man so oft nach der richtigen Stelle sucht, an der man Funktionalität hinzufügen oder ändern kann, sollte die Architektur das Navigieren durch die Codebasis unterstützen. Wie schlägt sich eine herkömmliche Schichtenarchitektur in dieser Hinsicht?

Wie bereits angedeutet, kann es in einer herkömmlichen Schichtenarchitektur leicht passieren, dass die Domänenlogik über die Schichten verstreut wird. Sie kann in der Webschicht liegen, wenn Sie die Domänenlogik für einen »einfachen« Use Case überspringen. Und sie könnte in der Persistenzschicht existieren, wenn Sie eine bestimmte Komponente nach unten durchgedrückt haben, damit sie sowohl von der Domänen- als auch von der Persistenzschicht aus erreicht werden kann. Allein dies erschwert es schon, die richtige Stelle zum Hinzufügen neuer Funktionalität zu finden.

Es geht aber noch weiter. Eine geschichtete Architektur erlegt keine Regeln über die »Breite« der Domänenservices auf. Im Laufe der Zeit führt dies oft zu sehr breit gefassten Services, die mehreren Use Cases dienen (siehe Abbildung 2.5).

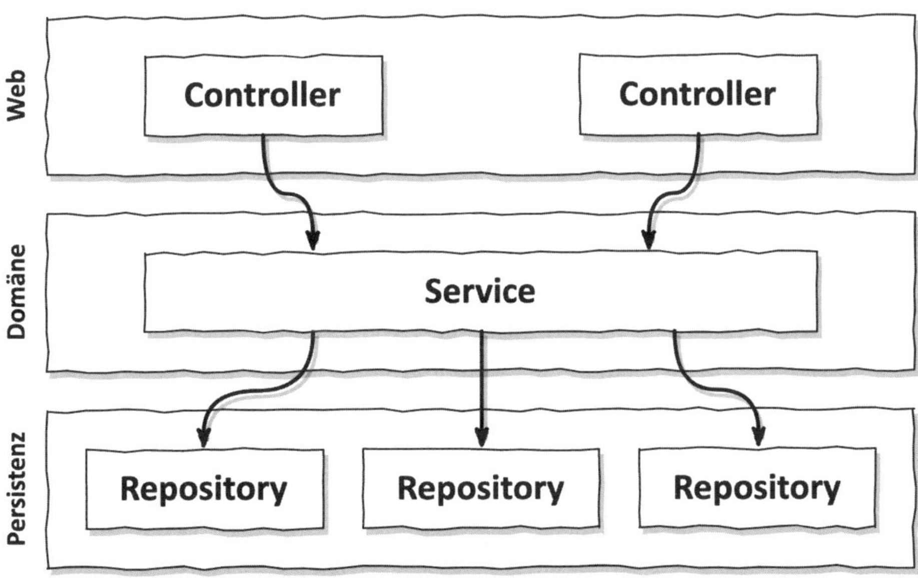

Abb. 2.5: »Breite« Services erschweren es, einen bestimmten Use Case in der Codebasis zu finden.

Ein breiter Service hat viele Abhängigkeiten zur Persistenzschicht und viele Komponenten in der Webschicht, die von ihm abhängen. Das sorgt nicht nur dafür, dass der Service schwer zu testen ist, sondern erschwert auch das Auffinden des Codes, der für den Use Case verantwortlich ist, an dem Sie arbeiten wollen.

Wie viel einfacher wäre es, wenn man hochspezialisierte, enge Domänenservices hätte, die jeweils einem einzigen Use Case dienen würden? Anstatt in `UserService` nach dem Use Case für die Benutzerregistrierung zu suchen, würde man einfach `RegisterUserService` öffnen und loslegen.

2.5 Sie erschweren das parallele Arbeiten

Das Management erwartet normalerweise, dass Sie mit der Entwicklung der erwarteten Software zu einem bestimmten Zeitpunkt fertig sind. Idealerweise sollten Sie darüber hinaus das zugestandene Budget nicht überziehen, aber ich will die Dinge hier nicht unnötig verkomplizieren.

Abgesehen von der Tatsache, dass ich in meiner Laufbahn als Softwareentwickler noch nie »fertige« Software gesehen habe, impliziert die »Fertigstellung« zu einem bestimmten Zeitpunkt üblicherweise, dass mehrere Menschen parallel daran arbeiten.

Sie kennen wahrscheinlich die berühmte Schlussfolgerung aus »Vom Mythos des Mann-Monats«, selbst wenn Sie das Buch nicht gelesen haben: *Der Einsatz zusätzlicher Arbeitskräfte bei bereits verzögerten Softwareprojekten verzögert sie nur noch weiter.*[4]

Das gilt in einem gewissen Maße auch für Softwareprojekte, die (noch) nicht verzögert sind. Sie können nicht erwarten, dass eine große Gruppe von 50 Entwicklern fünfmal schneller ist als ein kleineres Team aus zehn Entwicklern. Wenn sie an einer sehr großen Anwendung arbeiten, bei der sie sich in mehrere Gruppen aufteilen und an separaten Teilen der Software arbeiten, könnte das funktionieren. In den meisten Kontexten jedoch werden sie sich nur gegenseitig im Weg stehen.

In einem vernünftigen Maßstab dürfen Sie aber davon ausgehen, dass Sie mit mehr Leuten im Projekt schneller vorankommen. Und das Management darf dies zu Recht von Ihnen erwarten.

Um diese Erwartung zu erfüllen, muss *Ihre Architektur allerdings das parallele Arbeiten unterstützen*. Das ist nicht leicht. Und eine geschichtete Architektur hilft Ihnen an dieser Stelle nicht wirklich weiter.

Stellen Sie sich vor, Sie fügen in Ihre Anwendung einen neuen Use Case ein. Ihnen stehen drei Entwicklerinnen und Entwickler zur Verfügung. Einer kann die erforderlichen Features zur Webschicht hinzufügen, eine zur Domänenschicht und die dritte zur Persistenzschicht, oder?!

---

4 *Vom Mythos des Mann-Monats: Essays über Software-Engineering*, Frederick P. Brooks jr., mitp, Bonn 2008.

Na ja, in einer herkömmlichen Schichtenarchitektur funktioniert das normalerweise nicht auf diese Weise. Da alles auf der Persistenzschicht aufbaut, muss diese zuerst entwickelt werden. Dann kommt die Domänenschicht und schließlich die Webschicht. Es kann also immer nur eine Entwicklerin zu einem Zeitpunkt an dem Feature arbeiten!

»Ja, aber die Entwickler können zuerst die Schnittstellen definieren«, sagen Sie, »und dann können alle Entwickler gegen diese Schnittstellen arbeiten, ohne auf die eigentliche Implementierung warten zu müssen.«

Sicher, das ist möglich, aber nur, wenn Sie Ihre Domänen- und Persistenzlogik nicht vermischt haben, wie zuvor diskutiert wurde. Dies würde Sie nämlich daran hindern, separat an den einzelnen Aspekten zu arbeiten.

Wenn Sie breite Services in Ihrer Codebasis haben, könnte es sogar schwer sein, parallel an *unterschiedlichen* Features zu arbeiten. Das Arbeiten an verschiedenen Use Cases sorgt dafür, dass derselbe Service parallel bearbeitet und verändert wird, was beim Zusammenführen der Änderungen zu Konflikten und potenziell zu Rückschlägen führen könnte.

2.6 Wie hilft Ihnen dies, wartbare Software zu entwickeln?

Wenn Sie in der Vergangenheit bereits geschichtete Architekturen erstellt haben, können Sie einige der in diesem Kapitel vorgestellten Probleme nachvollziehen und vermutlich sogar um weitere ergänzen.

Bei korrekter Ausführung und wenn einige zusätzliche Regeln dabei eingehalten werden, kann eine geschichtete Architektur sehr gut wartbar sein und das Ändern oder Hinzufügen von Code zu der Codebasis problemlos ermöglichen.

Allerdings dürfte die Diskussion gezeigt haben, dass bei einer herkömmlichen Schichtenarchitektur sehr leicht eine Menge schiefgehen kann. Ohne gute Selbstdisziplin neigt sie dazu, sich im Laufe der Zeit aufzulösen und immer schlechter wartbar zu werden. Und die Selbstdisziplin wankt normalerweise mit jedem Teammitglied, das zu einem Team hinzustößt oder es verlässt, bzw. mit jedem Manager, der neue Deadlines setzt.

Behalten Sie die Fallstricke der herkömmlichen Schichtenarchitektur im Hinterkopf für den Fall, dass Sie versucht sind, eine Abkürzung zu nehmen. Entscheiden Sie sich im Zweifelsfall lieber für die besser wartbare Lösung – sei es in Form einer geschichteten Architektur oder in Form eines völlig anderen Architekturstils.

Kapitel 3

Abhängigkeiten umkehren

Nachdem es im vorangegangenen Kapitel um die herkömmliche Schichtenarchitektur ging, dürfen Sie in diesem Kapitel einen alternativen Ansatz erwarten. Zunächst werden zwei der **SOLID**-Prinzipien[1] diskutiert, bevor diese angewandt werden, um eine *Clean* oder *Hexagonale* Architektur zu erzeugen, die sich der Probleme einer geschichteten Architektur annimmt.

3.1 Das Single-Responsibility-Prinzip

In der Softwareentwicklung kennen vermutlich alle das **Single-Responsibility-Prinzip** (**SRP**) oder glauben zumindest, es zu kennen. Eine gebräuchliche Interpretation dieses Prinzips lautet:

Eine Komponente sollte nur eine Sache tun, und diese sollte sie richtig machen.

Das ist ein guter Ratschlag, aber nicht die eigentliche Absicht des SRP.

Nur eine Sache tun ist tatsächlich die offensichtlichste Interpretation von »Single Responsibility« (eine einzige Verantwortlichkeit). Deshalb ist es kein Wunder, dass SRP häufig so interpretiert wird. Nehmen wir es einfach als gegeben hin, dass der Name SRP irreführend ist.

Hier ist die tatsächliche Definition des SRP:

Es sollte nur einen Grund geben, um eine Komponente zu ändern.

Sie sehen, »Verantwortlichkeit« müsste eigentlich als »Grund zu ändern« interpretiert werden und nicht als »tue nur eine Sache«. Vielleicht sollte man das SRP umbenennen in »Single-Reason-to-Change-Prinzip« (»Einziger-Grund-zu-ändern-Prinzip«).

1 SOLID steht für Single-Responsibility-Prinzip, Open-Closed-Prinzip, Liskov'sches Substitutionsprinzip, Interface-Segregation-Prinzip und Dependency-Inversion-Prinzip. Mehr über diese Prinzipien können Sie in *Clean Architecture* von Robert C. Martin nachlesen. Oder Sie schauen sich den entsprechenden Wikipedia-Eintrag an: `https://en.wikipedia.org/wiki/SOLID`. In der deutschen Wikipedia finden Sie Informationen über SOLID im Artikel `https://de.wikipedia.org/wiki/Prinzipien_objektorientierten_Designs`.

Wenn es für eine Komponente nur einen Grund gibt, sie zu ändern, dann macht sie vielleicht am Ende auch nur eine Sache. Der wichtigere Teil ist aber, dass sie nur diesen einen Grund hat, sich zu ändern.

Was bedeutet das für Ihre Architektur?

Wenn es für eine Komponente nur einen Grund gibt, sie zu ändern, müssen Sie sich um diese Komponente überhaupt nicht sorgen, wenn Sie die Software aus einem anderen Grund ändern, weil Sie wissen, dass sie weiterhin erwartungsgemäß funktioniert.

Leider ist es sehr leicht für einen Änderungsgrund, sich über die Abhängigkeiten einer Komponente zu anderen Komponenten durch den Code hinwegzusetzen (siehe Abbildung 3.1).

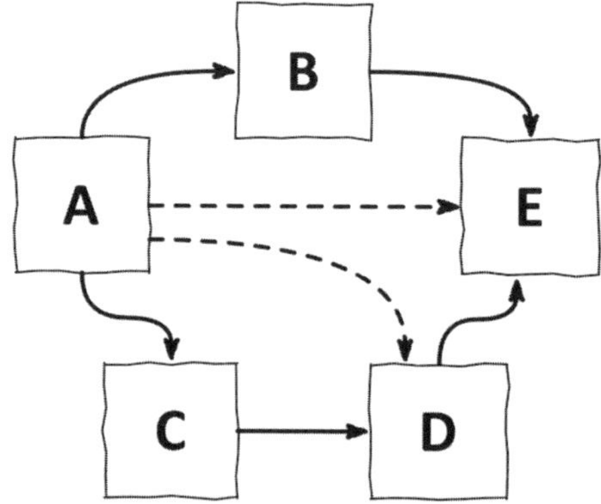

Abb. 3.1: Jede Abhängigkeit einer Komponente ist ein möglicher Grund, diese Komponente zu ändern, selbst wenn es nur eine transitive Abhängigkeit ist (gestrichelte Pfeile).

In der gezeigten Abbildung hängt Komponente **A** von vielen anderen Komponenten ab (entweder direkt oder transitiv), während Komponente **E** überhaupt keine Abhängigkeiten besitzt.

Komponente **E** muss nur dann geändert werden, wenn die Funktionalität von **E** sich aufgrund irgendwelcher neuer Anforderungen ändert. Für Komponente **A** hingegen, die von den anderen Komponenten abhängt, könnte auch dann die Notwendigkeit einer Änderung bestehen, wenn sich eine der anderen Komponenten ändert.

Für viele Codebasen werden Änderungen im Laufe der Zeit schwieriger und somit auch teurer, weil das SRP verletzt wird. Komponenten sammeln über die Zeit immer mehr Änderungsgründe an. Wenn sie viele Gründe für eine Änderung angesammelt hat, könnte das Ändern dieser einen Komponente zu Fehlern in einer anderen Komponente führen.

3.2 Eine Geschichte über Nebenwirkungen

Ich war einst an einem Projekt beteiligt, bei dem das Team eine zehn Jahre alte Codebasis eines anderen Softwareteams geerbt hatte. Der Kunde hatte entschieden, das Entwicklungsteam zu ersetzen, um die laufenden Wartungskosten zu verringern und die Geschwindigkeit für die Entwicklung neuer Features zu erhöhen. Deshalb erhielten wir den Zuschlag.

Erwartungsgemäß war es nicht so einfach, ein Verständnis dafür zu gewinnen, was der Code tatsächlich machte. Die Änderungen, die wir in einem Bereich der Codebasis vornahmen, hatten oft Nebenwirkungen bzw. Seiteneffekte in anderen Bereichen. Wir schafften es aber, indem wir gründlich testeten, automatische Tests hinzufügten und eine Menge Code umstrukturierten.

Nach einiger Zeit des erfolgreichen Pflegens und Erweiterns der Codebasis verlangte der Kunde ein neues Feature. Und er wollte von uns, dass wir dieses Feature in einer Weise entwickelten, die sehr seltsam für die Benutzer dieser Software war. Ich schlug deshalb vor, es auf eine benutzerfreundlichere Art zu entwickeln, die sogar kostengünstiger zu implementieren war, da sie insgesamt weniger Änderungen erforderte. Diese Vorgehensweise erforderte allerdings eine kleine Änderung in einer bestimmten sehr zentralen Komponente.

Der Kunde lehnte ab und bestellte die eigenartigere und teurere Lösung. Als ich nach dem Grund fragte, sagte man mir, dass man sich vor den Nebenwirkungen fürchte, da Änderungen, die vom vorherigen Entwicklungsteam an dieser einen zentralen Komponente vorgenommen worden waren, früher immer irgendetwas anderes kaputtgemacht hätten.

Dies ist leider ein Beispiel dafür, wie man seinen Kunden indoktrinieren kann, mehr Geld für das Modifizieren architektonisch schlecht gestalteter Software zu bezahlen. Glücklicherweise lassen sich die meisten Kunden auf dieses Spiel nicht ein.

3.3 Das Dependency-Inversion-Prinzip

In unserer geschichteten Architektur zeigen die schichtenübergreifenden Abhängigkeiten immer nach unten auf die nächste Schicht. Wenn Sie das Single-Responsibility-Prinzip auf diesen Schichten anwenden, werden Sie bemerken, dass die oberen Schichten mehr Gründe zum Ändern haben als die unteren Schichten.

Das bedeutet, aufgrund der Abhängigkeit der Domänenschicht von der Persistenzschicht erfordert jede Änderung in der Persistenzschicht potenziell eine Änderung in der Domänenschicht. Doch der Domänencode ist der wichtigste Code in unserer Anwendung! Sie möchten ihn nicht zwangsläufig ändern müssen, wenn sich etwas im Persistenzcode ändert!

Wie können Sie deshalb diese Abhängigkeit loswerden?

Die Antwort liefert das **Dependency-Inversion-Prinzip** (**DIP**).

Im Gegensatz zum SRP macht das DIP, was der Name andeutet:

Sie können die Richtung jeder Abhängigkeit in Ihrer Codebasis umkehren (invertieren).[2]

Wie funktioniert das? Lassen Sie uns versuchen, die Abhängigkeit zwischen Ihrem Domänen- und Ihrem Persistenzcode umzukehren, sodass der Persistenzcode vom Domänencode abhängig ist und sich dadurch die Anzahl der Gründe verringert, weshalb der Domänencode geändert werden sollte.

Sie beginnen mit einer Struktur wie derjenigen aus Abbildung 2.2 (*Kapitel 2, Was ist so falsch an Schichten?*). Sie haben einen Service in der Domänenschicht, der mit Entities und Repositories aus der Persistenzschicht arbeitet.

Zuerst wollen Sie die Entities hoch in die Domänenschicht ziehen, weil sie Ihre Domänenobjekte repräsentieren und Ihr Domänencode sich ausschließlich um das Ändern des Zustands dieser Entities dreht.

Doch nun haben Sie eine kreisförmige Abhängigkeit zwischen den beiden Schichten, da das Repository aus der Persistenzschicht von dem Entity abhängt, das nun in der Domänenschicht liegt. An dieser Stelle wenden Sie das DIP an. Sie erzeugen ein Interface für das Repository in der Domänenschicht und lassen es dann durch das tatsächliche Repository in der Persistenzschicht implementieren. Das Ergebnis sieht dann ungefähr so aus wie in Abbildung 3.2.

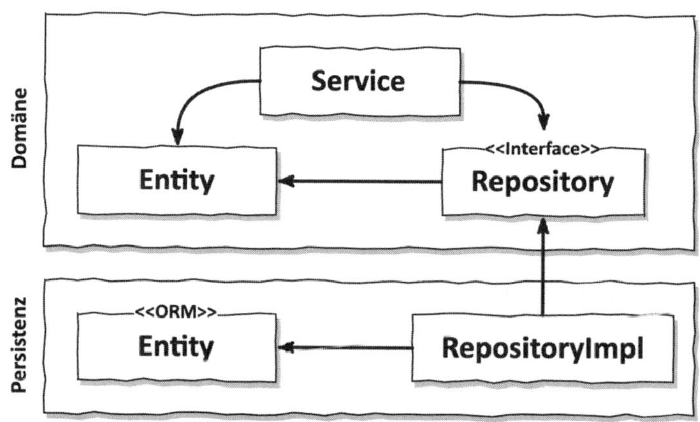

Abb. 3.2: Durch das Einführen eines Interface in die Domänenschicht können Sie die Abhängigkeit umkehren, sodass die Persistenzschicht von der Domänenschicht abhängt.

2 Tatsächlich können Sie nur Abhängigkeiten invertieren, wenn Sie die Kontrolle über den Code an beiden Enden der Abhängigkeit haben. Besteht eine Abhängigkeit zu einer Drittanbieter-Bibliothek, können Sie diese nicht umkehren, da Sie den Code dieser Bibliothek nicht kontrollieren.

Mit diesem Trick haben Sie Ihre Domänenlogik von der erdrückenden Abhängigkeit zur Persistenzschicht befreit. Dies ist ein entscheidendes Merkmal der beiden Architekturstile, die Sie in den kommenden Abschnitten kennenlernen werden.

3.4 Clean Architecture

Robert C. Martin prägte den Begriff **Clean Architecture** in seinem Buch desselben Namens.[3] Seiner Ansicht nach sind in einer Clean Architecture die Geschäftsregeln durch das Design testbar und unabhängig von Frameworks, Datenbanken, UI-Technologien (User Interface; Benutzungsschnittstelle) und anderen externen Anwendungen oder Schnittstellen.

Das bedeutet, dass der Domänencode keine nach außen weisenden Abhängigkeiten besitzen darf. Stattdessen zeigen mithilfe der DIP alle Abhängigkeiten zum Domänencode.

Abbildung 3.3 zeigt, wie eine solche Architektur auf einer abstrakten Ebene aussehen könnte.

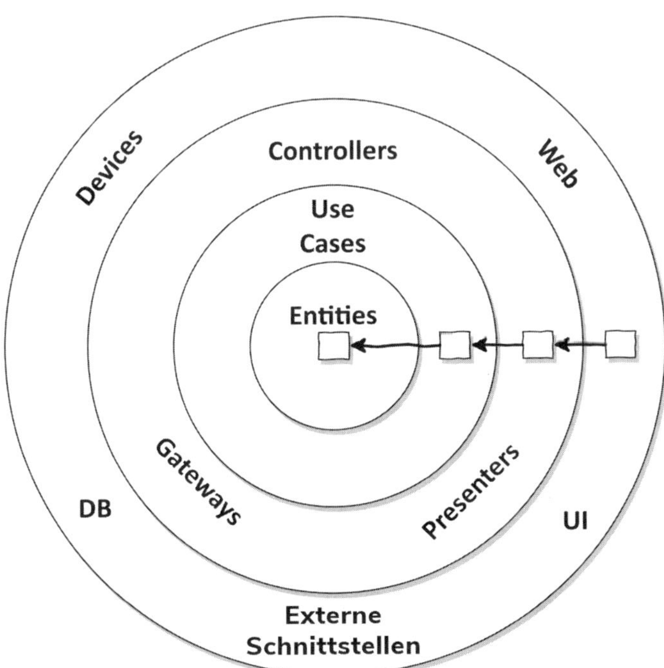

Abb. 3.3: In einer Clean Architecture weisen alle Abhängigkeiten nach innen zur Domänenlogik (Quelle: Clean Architecture von Robert C. Martin).

3 *Clean Architecture: Das Praxis-Handbuch für professionelles Softwaredesign*, Robert C. Martin, mitp 2018, *Kapitel 22*.

Die Schichten in dieser Architektur liegen in konzentrischen Kreisen umeinander. Die wichtigste Regel in einer solchen Architektur ist die **Dependency Rule** (Abhängigkeitsregel), die besagt, dass alle Abhängigkeiten zwischen diesen Schichten nach innen weisen müssen.

Der Kern der Architektur enthält die Domänen-Entities, auf die von den umgebenden Use Cases zugegriffen wird. Bei den Use Cases handelt es sich um die bereits erwähnten Domänenservices, allerdings sind sie »schmaler« und haben jeweils nur eine einzige Verantwortlichkeit (d. h. nur einen einzigen Grund, sich zu ändern). Dadurch werden die Probleme der breiten Services vermieden, um die es bereits ging.

Um diesen Kern herum finden Sie all die anderen Komponenten Ihrer Anwendung, die die Geschäftsregeln unterstützen. Bei dieser Unterstützung kann es sich z. B. um das Bereitstellen von Persistenz oder das Bereitstellen einer Benutzeroberfläche handeln. Die äußeren Schichten können außerdem als Adapter zu irgendeiner anderen Drittanbieterkomponente dienen.

Da der Domänencode keine Ahnung davon hat, welches Persistenz- oder UI-Framework benutzt wird, kann er keinen Framework-spezifischen Code enthalten und konzentriert sich auf die Geschäftsregeln. Ihnen steht es also vollkommen frei, wie Sie den Domänencode modellieren. Sie könnten zum Beispiel das **Domain-Driven Design (DDD)** in seiner reinsten Form einsetzen. Nicht über persistenz- oder UI-spezifische Probleme nachdenken zu müssen, macht alles sehr viel einfacher.

Allerdings hat Clean Architecture auch ihren Preis. Da die Domänenschicht vollkommen von den äußeren Schichten wie der Persistenzschicht und der UI-Schicht entkoppelt ist, müssen Sie in jeder einzelnen Schicht ein Modell der Entities Ihrer Anwendung vorhalten.

Nehmen Sie zum Beispiel einmal an, dass Sie ein **ORM-Framework** (**Object-Relational Mapping**) in Ihrer Persistenzschicht verwenden. Ein ORM-Framework erwartet normalerweise spezielle Entity-Klassen, die Metadaten enthalten, in denen die Datenbankstruktur und die Zuordnung von Objektfeldern zu Datenbankspalten beschrieben werden. Da die Domänenschicht die Persistenzschicht nicht kennt, können Sie in der Domänenschicht nicht dieselben Entity-Klassen benutzen und müssen sie in beiden Schichten anlegen. Das bedeutet, dass die Persistenzschicht die Domänen-Entities auf ihre eigene Repräsentation abbilden muss. Eine vergleichbare Zuordnung gilt zwischen der Domänenschicht und den anderen äußeren Schichten.

Aber das ist gut so! Diese Entkopplung ist genau das, was Sie erreichen wollten, um den Domänencode von Framework-spezifischen Problemen zu befreien. Die Java Persistence API (JPA; die objektrelationale Standard-API in der Java-Welt) verlangt zum Beispiel, dass die ORM-verwalteten Entities einen Standardkonstruktor ohne Argumente haben, den Sie in Ihrem Domänenmodell eigentlich vermeiden wollen. In *Kapitel 9, Mapping über Grenzen hinweg*, werden Sie sich mit den verschiedenen Mapping-Strategien befassen, darunter einer *Kein-Mapping*-Strategie, die einfach nur die Kopplung zwischen der Domänen- und der Persistenzschicht akzeptiert.

Da *Clean Architecture* von Robert C. Martin ziemlich abstrakt ist, wollen wir etwas tiefer in die Details eintauchen und uns *Hexagonale Architektur* anschauen, die den Prinzipien der Clean Architecture eine etwas konkretere Form gibt.

3.5 Hexagonale Architektur

Der Begriff **Hexagonale Architektur** stammt von Alistair Cockburn und ist nicht mehr ganz neu.[4] Er wendet die gleichen Prinzipien an, die Robert C. Martin später in allgemeineren Worten in *Clean Architecture* beschrieben hat.

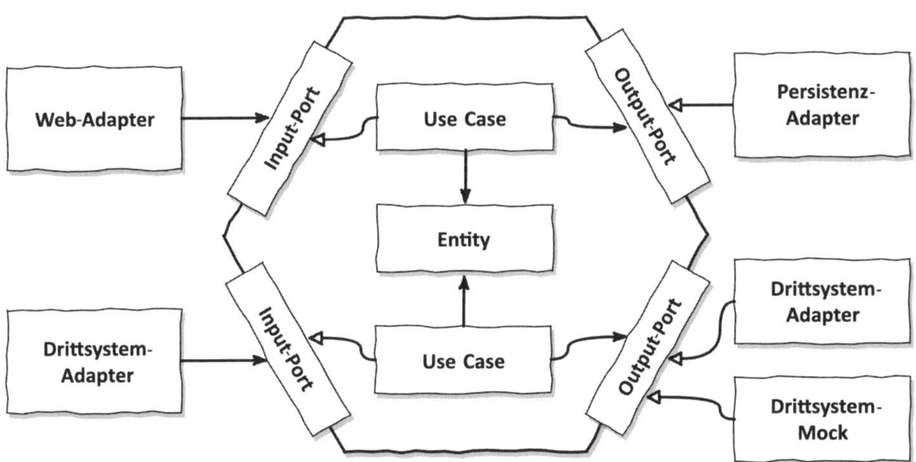

Abb. 3.4: Eine Hexagonale Architektur wird auch als »Ports-und-Adapter«-Architektur bezeichnet, da der Kern der Anwendung spezielle Ports bereitstellt, mit denen die einzelnen Adapter interagieren können.

Abbildung 3.4 zeigt, wie eine Hexagonale Architektur aussehen könnte. Der Kern der Anwendung ist als Sechseck (Hexagon) dargestellt – daher der Name des Architekturstils. Die Sechseckform hat keine besondere Bedeutung; Sie könnten auch ein Achteck zeichnen und das Ganze »Oktagonale Architektur« nennen. Angeblich wurde das Sechseck einfach nur deshalb anstelle eines gewöhnlichen

4 Die Hauptquelle für den Begriff »Hexagonale Architektur« scheint ein Artikel auf Alistair Cockburns Website zu sein: `https://alistair.cockburn.us/hexagonal-architecture/`.

Verecks benutzt, um zu zeigen, dass eine Anwendung mehr als vier Seiten haben kann, die sie mit anderen Systemen oder Adaptern verbindet.

Innerhalb des Sechsecks finden Sie Ihre Domänen-Entities und die Use Cases, die mit diesen Entities zusammenarbeiten. Wie Sie sehen, hat das Sechseck keine nach außen gehenden Abhängigkeiten. Die Abhängigkeitsregel aus Martins Clean Architecture wird also befolgt. Alle Abhängigkeiten weisen stattdessen nach innen.

Außerhalb des Sechsecks finden Sie verschiedene Adapter, die mit der Anwendung interagieren. Es könnte einen Web-Adapter geben, der die Verbindung zu einem Webbrowser herstellt, einige Adapter, die mit externen Drittsystemen interagieren, sowie einen Adapter, der die Zusammenarbeit mit einer Datenbank erlaubt, um eine persistente Ablage der Daten zu gewährleisten.

Die Adapter auf der linken Seite dienen zum »Antreiben« Ihrer Anwendung (»driving adapters«, weil sie Ihren Anwendungskern aufrufen), während die Adapter auf der rechten Seite von Ihrer Anwendung getrieben werden (»driven adapters«, weil sie vom Anwendungskern aufgerufen werden).

Um eine Kommunikation zwischen dem Anwendungskern und den Adaptern zu erlauben, stellt der Anwendungskern spezielle Ports zur Verfügung. Für treibende Adapter könnte ein solcher Port eine Schnittstelle sein, die von einer der Use-Case-Klassen im Kern implementiert und vom Adapter aufgerufen wird. Für einen getriebenen Adapter könnte es eine Schnittstelle sein, die vom Adapter implementiert und vom Kern aufgerufen wird. Es könnte sogar mehrere Adapter geben, die denselben Port implementieren: zum Beispiel einen zum Kommunizieren mit einem realen externen System und einen zum Kommunizieren mit einem Mock, der bei Tests zum Einsatz kommt.

Um eine zentrale Eigenschaft der Hexagonalen Architektur deutlich zu machen: *Der Anwendungskern (das Sechseck) definiert und besitzt die Schnittstelle nach außen (die Ports)*. Die Adapter arbeiten dann mit dieser Schnittstelle zusammen. Hier wird das Dependency-Inversion-Prinzip auf der Ebene der Architektur angewandt.

Aufgrund seiner zentralen Konzepte ist dieser Architekturstil auch als **Ports-und-Adapter**-Architektur bekannt.

Genau wie bei der Clean Architecture kann man diese Hexagonale Architektur in Schichten organisieren. Die äußerste Schicht besteht aus den Adaptern, die zwischen der Anwendung und den anderen Systemen übersetzen.

Als Nächstes kann man die Ports und die Use-Case-Implementierungen zur Anwendungsschicht (»application layer«) kombinieren, da sie die Schnittstelle Ihrer Anwendung definieren. Die letzte Schicht enthält die Domänen-Entities, die die Geschäftsregeln implementieren.

Die Geschäftslogik wird in den Use-Case-Klassen und -Entities implementiert. Die Use-Case-Klassen sind »schmale« **Domänenservices**, die jeweils nur einen einzigen Use Case implementieren. Man kann sich natürlich dafür entscheiden, mehrere Use Cases zu einem breiteren Domänenservice zu kombinieren, aber idealerweise macht man das nur, wenn die Use Cases häufig zusammen verwendet werden, um die Wartbarkeit zu verbessern.

Potenziell könnte man auch noch das Konzept der Anwendungsservices (»application services«) einführen. Ein **Anwendungsservice** ist ein Service, der Aufrufe an Use Cases (**Domänenservice**) koordiniert, wie Abbildung 3.5 zeigt.

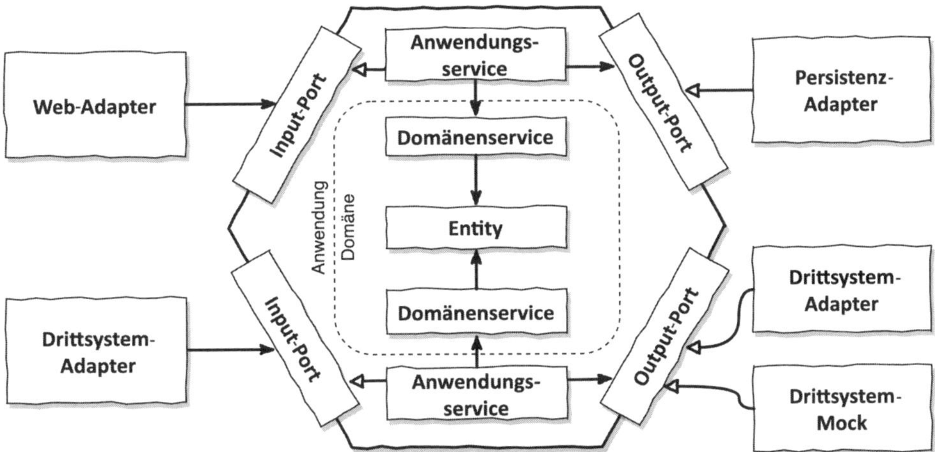

Abb. 3.5: Eine Hexagonale Architektur, die die DDD-Konzepte der Anwendungs- und Domänenservices benutzt

Hier übersetzen die Anwendungsservices zwischen den Input- und den Output-Ports und den Domänenservices. Damit schirmen sie die Domänenservices vor der Außenwelt ab und koordinieren potenziell zwischen den Domänenservices. Die **Domänenservice**-Kästen sind synonym zu den **Use-Case**-Kästen aus Abbildung 3.4; hier kommt nur lediglich eine Terminologie zum Einsatz, die aus DDD entlehnt ist.

Wie diese Diskussion impliziert, steht es Ihnen frei, Ihren Anwendungscode innerhalb des Hexagons so zu entwerfen, wie es Ihnen passt. Sie können einfach oder raffiniert vorgehen, je nach der Komplexität und Größe Ihrer Anwendung. Mehr über das Verwalten des Codes in Ihrem Sechseck erfahren Sie in *Kapitel 13, Mehrere Bounded Contexts verwalten.*

Im nächsten Kapitel wird es um Möglichkeiten gehen, solch eine Architektur in Code zu organisieren.

3.6 Wie hilft Ihnen dies, wartbare Software zu entwickeln?

Ob »Clean Architecture«, »Hexagonale Architektur« oder »Ports-und-Adapter-Architektur« – indem Sie Ihre Abhängigkeiten umkehren, sodass der Domänencode keine Abhängigkeiten nach außen hat, können Sie Ihre Domänenlogik von all den persistenz- und UI-spezifischen Problemen entkoppeln und die Anzahl der Gründe für Änderungen an der Codebasis reduzieren. Und weniger Gründe für Änderungen führen zu einer besseren Wartbarkeit.

Der Domänencode kann so modelliert werden, dass er die Geschäftsprobleme am besten abbildet, während Persistenz- und der UI-Code so modelliert werden können, dass sie am besten zu den Persistenz- und UI-Problemen passen.

Im weiteren Verlauf dieses Buches wird der Architekturstil der Hexagonalen Architektur auf eine Webanwendung angewandt. Dazu erzeugen Sie zuerst die Paketstruktur Ihrer Anwendung und wir diskutieren die Rolle der Dependency Injection.

Kapitel 4

Code organisieren

Wäre es nicht schön, wenn man die Architektur erkennen könnte, indem man sich einfach den Code anschaut?

In diesem Kapitel werden Sie unterschiedliche Methoden untersuchen, Code zu organisieren, und eine ausdrucksstarke Paketstruktur einführen, die direkt eine Hexagonale Architektur widerspiegelt.

In vollkommen neuen Softwareprojekten (sogenannten Greenfield-Projekten, die also quasi »auf der grünen Wiese« entstehen) ist das erste, was Sie versuchen, richtig zu machen, die Paketstruktur. Sie richten eine hübsch anzusehende Struktur ein, die Sie hoffentlich für das ganze Projekt über benutzen werden. Während des Projekts werden die Dinge dann hektisch und Sie erkennen, dass die Paketstruktur an vielen Stellen tatsächlich nur eine hübsche Fassade für einen unstrukturierten Haufen Code ist. Klassen in einem Paket importieren Klassen aus anderen Paketen, die nicht importiert werden sollten.

Wir werden unterschiedliche Möglichkeiten für das Strukturieren des Codes der BuckPal-Beispielanwendung diskutieren, die in der Einführung vorgestellt wurde. Konkret werden wir uns gemeinsam den Use Case *Geld senden* anschauen, der den Anwendern erlaubt, Geld von ihrem Konto auf ein anderes zu transferieren.

4.1 Nach Schichten organisieren

Die erste Möglichkeit, Ihren Code zu organisieren, ist nach Schichten. Das könnte zum Beispiel so aussehen:

```
buckpal
├── domain
|   ├── Account
|   ├── Activity
|   ├── AccountRepository
|   └── AccountService
├── persistence
|   └── AccountRepositoryImpl
└── web
    └── AccountController
```

Für jede Ihrer Schichten – `web`, `domain` und `persistence` – gibt es ein dediziertes Paket. Wie in *Kapitel 2, Was ist so falsch an Schichten?*, diskutiert, sind einfache Schichten aus verschiedenen Gründen nicht unbedingt die beste Struktur für Ihren Code, sodass Sie hier bereits das **Dependency-Inversion-Prinzip** angewandt haben, das nur Abhängigkeiten in Richtung auf den Domänencode im `domain`-Paket erlaubt. Sie haben dies erreicht, indem Sie das `AccountRepository`-Interface im `domain`-Paket eingeführt und sie im `persistence`-Paket implementiert haben.

Man kann jedoch wenigstens drei Gründe finden, weshalb diese Paketstruktur alles andere als optimal ist:

- Erstens haben Sie keine Paketgrenze zwischen funktionalen Abschnitten oder Features Ihrer Anwendung. Wenn Sie ein Feature zum Verwalten von Benutzern hinzufügen, fügen Sie `UserController` zum `web`-Paket, `UserService`, `UserRepository` und `User` zum `domain`-Paket sowie `UserRepositoryImpl` zum `persistence`-Paket hinzu. Ohne zusätzliche Struktur wird dies ganz schnell ein ziemliches Durcheinander an Klassen, das zu unerwünschten Nebenwirkungen zwischen mutmaßlich unzusammenhängenden Features der Anwendung führt.
- Zweitens können Sie nicht erkennen, welche Use Cases Ihre Anwendung bereitstellt. Können Sie sagen, welche Use Cases die Klassen `AccountService` oder `AccountController` implementieren? Wenn Sie nach einem bestimmten Feature suchen, müssen Sie raten, welcher Service es implementiert, und dann innerhalb dieses Services nach der verantwortlichen Methode suchen.
- Schließlich können Sie Ihre Zielarchitektur innerhalb der Paketstruktur nicht sehen. Sie können raten, dass Sie dem Architekturstil »Hexagonale Architektur« gefolgt sind, und dann die Klassen in den `web`- und `persistence`-Paketen durchgehen, um die Web- und Persistenz-Adapter zu finden. Sie können aber nicht auf den ersten Blick erkennen, welche Funktionalität von dem Webadapter aufgerufen wird und welche Funktionalität der Persistenz-Adapter der Domänenschicht zur Verfügung stellt. Die eingehenden und ausgehenden Ports sind im Code versteckt.

Lassen Sie uns einige der Probleme des »Nach Schicht organisieren«-Ansatzes genauer betrachten.

4.2 Nach Features organisieren

Der nächste Ansatz besteht darin, Ihren Code nach Features zu organisieren:

Im Prinzip ist hier der ganze Code, der mit den Konten (Accounts) zusammenhängt, in dem Paket `account` zusammengefasst. Außerdem wurden die Pakete für die einzelnen Schichten entfernt.

```
buckpal
└── account
    ├── Account
    ├── SendMoneyController
    ├── AccountRepository
    ├── AccountRepositoryImpl
    └── SendMoneyService
```

Jede neue Gruppe von Features erhält neben `account` ein neues Paket auf derselben Ebene. Sie können die Paketbegrenzungen zwischen den Features erzwingen, indem Sie die Klassen, die von außen nicht zugreifbar sein sollen, auf die Sichtbarkeit **package-private** setzen.

Die Paketbegrenzungen in Kombination mit package-private erlauben es Ihnen, unerwünschte Abhängigkeiten zwischen Features zu vermeiden.

Außerdem wurde `AccountService` in `SendMoneyService` umbenannt, um seine Verantwortung einzuschränken (das hätte man tatsächlich auch schon im Paket-nach-Schicht-Ansatz machen können). Sie können jetzt bereits anhand des Klassennamens erkennen, dass der Code den Use Case *Geld senden* implementiert. Robert Martin nennt es »Screaming Architecture« (Schreiende Architektur), wenn die Funktionalität der Anwendung im Code sichtbar gemacht wird – schließlich schreit sie ihre Absichten hinaus![1]

Die Architektur wird allerdings im Paket-nach-Feature-Ansatz im Code noch weniger offensichtlich als im Paket-nach-Schicht-Ansatz. Es gibt keine Paketnamen, um die Adapter zu identifizieren und die eingehenden und ausgehenden Ports sind auch nicht zu sehen. Mehr noch, obwohl Sie die Abhängigkeiten zwischen dem Domänencode und dem Persistenzcode umgekehrt haben, sodass `SendMoneyService` nur die `AccountRepository`-Schnittstelle kennt und nicht ihre Implementierung, können Sie keine package-private-Sichtbarkeit verwenden, um den Domänencode vor zufälligen Abhängigkeiten vom Persistenzcode zu schützen.

Wie lässt es sich nun erreichen, dass die Zielarchitektur auf einen Blick sichtbar wird? Es wäre schön, wenn man auf einen Kasten in einem Architekturdiagramm wie in Abbildung 3.4 zeigen und sofort wissen könnte, welcher Teil des Codes für diesen Kasten verantwortlich ist.

Gehen wir noch einen Schritt weiter und erschaffen eine Paketstruktur, die ausdrucksstark genug ist, um das zu unterstützen.

---

1 Schreiende Architektur: *Clean Architecture* von Robert C. Martin, mitp, 2018, *Kapitel 21*.

4.3 Eine Architektur-explizite Paketstruktur

In einer Hexagonalen Architektur gibt es Entities, Use Cases, Input- und Output-Ports sowie Input- und Output-Adapter (oder »treibende« und »getriebene«) als wesentliche architektonische Elemente. Passen wir diese in eine Paketstruktur ein, die diese Architektur zum Ausdruck bringt, kann dies wie folgt aussehen:

```
buckpal
├── adapter
|   ├── in
|   |   └── web
|   |       └── SendMoneyController
|   └── out
|       └── persistence
|           ├── AccountPersistenceAdapter
|           └── SpringDataAccountRepository
├── application
|   ├── domain
|   |   ├── model
|   |   |   └── Account
|   |   └── service
|   |       └── SendMoneyService
|   └── port
|       ├── in
|       |   └── SendMoneyUseCase
|       └── out
|           └── UpdateAccountStatePort
└── common
```

Jedes Element der Architektur kann direkt auf eines dieser Pakete abgebildet werden. Auf der höchsten Ebene befinden sich die Pakete `adapter` und `application`.

Das `adapter`-Paket enthält die eingehenden Adapter, die die eingehenden Ports der Anwendung aufrufen, und die ausgehenden Adapter, die Implementierungen für die ausgehenden Ports der Anwendung bereitstellen. In diesem Fall wird eine einfache Webanwendung mit den Adaptern `web` und `persistence` erstellt, die jeweils ihr eigenes Unterpaket haben.

Das Verschieben der Adapter-Codes in ihre jeweils eigenen Pakete hat den Vorteil, dass ein Adapter leicht durch eine andere Implementierung ersetzt werden kann, falls das nötig werden sollte. Stellen Sie sich vor, Sie haben begonnen, einen Persistenz-Adapter gegen eine einfache Key-Value-Datenbank zu implementieren, weil Sie dachten, Sie kennen die erforderlichen Zugriffsmuster. Nun haben sich diese allerdings geändert und es wäre besser, eine SQL-Datenbank zu benutzen. Sie implementieren einfach alle relevanten ausgehenden Ports in einem neuen Adapter-Paket und entfernen dann das alte Paket.

Das `application`-Paket enthält das »Hexagon«, das heißt, Ihren Anwendungscode. Dieser Code besteht aus Ihrem Domänenmodell, das sich im `domain`-Paket befindet, und die Port-Schnittstellen, die im `port`-Paket liegen.

Wieso befinden sich die Ports im `application`-Paket und nicht daneben? Die Ports sind unsere Art und Weise, das **Dependency-Inversion-Prinzip** anzuwenden. Die Anwendung definiert diese Ports für die Kommunikation mit der Außenwelt. Dadurch, dass wir das `port`-Paket in das `application`-Paket packen, wird ausgedrückt, dass die Anwendung die Ports kontrolliert.

Das `domain`-Paket enthält Ihre Domänen-Entities und die Domänenservices, die die Eingangs-Ports implementieren und zwischen den Domänen-Entities koordinieren.

Schließlich gibt es das `common`-Paket, das Code enthält, der vom Rest der Codebasis geteilt wird.

Puh, das sind eine Menge technisch klingender Pakete. Ist das nicht verwirrend?

Stellen Sie sich vor, Sie haben eine abstrakte Darstellung Ihrer Hexagonalen Architektur als Schaubild an der Wand hängen und sprechen mit einer Kollegin über das Modifizieren eines Clients zu einer Drittanbieter-API, die Sie nutzen. Bei dieser Diskussion können Sie zum besseren Verständnis auf den entsprechenden ausgehenden Adapter auf dem Plakat zeigen. Wenn Sie mit dem Gespräch fertig sind, setzen Sie sich dann an Ihre IDE und fangen sofort an, an dem Client zu arbeiten, da der Code des API-Clients, von dem Sie gesprochen haben, im Paket `adapter/out/<name-des-adapters>` liegt. Ziemlich hilfreich, wenn das Architekturschaubild sich mit der Codestruktur deckt, oder?

Diese Paketstruktur ist ein machtvolles Element im Kampf gegen die sogenannte **Architektur/Code-Lücke** oder **Modell/Code-Lücke**.[2] Diese Begriffe beschreiben die Tatsache, dass in den meisten Softwareentwicklungsprojekten die Architektur nur ein abstraktes Konzept ist, das nicht direkt auf den Code abgebildet werden kann. Falls die Paketstruktur (neben anderen Dingen) nicht die Architektur widerspiegelt, weicht der Code mit der Zeit üblicherweise immer weiter und weiter von der Zielarchitektur ab.

Darüber hinaus fördert diese ausdrucksstarke Paketstruktur das aktive Nachdenken über die Architektur. Sie müssen aktiv entscheiden, in welches Paket Sie Ihren Code packen wollen. Doch bedeuten so viele Pakete nicht auch, dass alle Klassen öffentlich (public), also von überall aus erreichbar sein müssen, um einen paketübergreifenden Zugriff zu erlauben?

2 Modell/Code-Lücke: *Just Enough Architecture* von George Fairbanks, Marshall & Brainerd, 2010, S. 167.

Das gilt zumindest nicht für die Adapter-Pakete. All die Klassen, die in ihnen enthalten sind, könnten package-private sein, dass sie nur über Port-Schnittstellen von der Außenwelt aus aufgerufen werden. Die Port-Schnittstellen befinden sich im `application`-Paket. Es gibt also keine zufälligen Abhängigkeiten von der **Anwendungsschicht** zu den Adapter-Klassen.

Innerhalb des `application`-Pakets jedoch müssen einige Klassen tatsächlich öffentlich sein. Die Ports müssen öffentlich sein, weil sie aufgrund ihres Designs für die Adapter zugänglich sein müssen. Das Domänenmodell muss öffentlich sein, um für die Services und potenziell für die Adapter erreichbar zu sein. Die Services müssen nicht öffentlich sein, weil sie hinter den eingehenden Port-Schnittstellen versteckt werden können.

Also ja, eine feinkörnige Paketstruktur wie diese erfordert, dass wir einige Klassen öffentlich machen, die in einer gröberen Paketstruktur package-private sein könnten. In *Kapitel 12, Architekturgrenzen erzwingen*, werden wir uns gemeinsam Möglichkeiten anschauen, unerwünschten Zugriff auf diese öffentlichen Klassen zu finden.

Sie haben vielleicht bemerkt, dass diese Paketstruktur nur eine Domäne enthält, nämlich die Domäne, die Kontotransaktionen behandelt. Viele Anwendungen enthalten hingegen Code aus mehr als einer Domäne.

Wie Sie in *Kapitel 13, Mehrere Bounded Contexts verwalten*, erfahren werden, verrät uns die Hexagonale Architektur eigentlich nichts darüber, wie man mehrere Domänen verwaltet. Sie können natürlich Code für jede einzelne Domäne in ein eigenes Unterpaket unter dem `domain`-Paket legen und die Domänen auf diese Weise trennen. Falls Sie darüber nachdenken, die Ports und Adapter pro Domäne zu separieren, sollten Sie aufpassen, da dies schnell zu einem Wartungs-Albtraum wird. Mehr dazu erfahren Sie in *Kapitel 13*.

Wie bei jeder Struktur erfordert es Disziplin, diese Paketstruktur über die gesamte Lebenszeit eines Softwareprojekts aufrechtzuerhalten. Es wird außerdem Fälle geben, in denen die Paketstruktur einfach nicht passt und es keine andere Möglichkeit gibt, als die Architektur/Code-Lücke zu erweitern und ein Paket zu benutzen, das nicht die Architektur widerspiegelt.

Es gibt keine Perfektion. Doch mit einer ausdrucksstarken Paketstruktur können Sie zumindest die Lücke zwischen Code und Architektur verringern.

4.4 Die Rolle der Dependency Injection

Die zuvor beschriebene Paketstruktur bringt Sie auf dem Weg zu einer sauberen Architektur schon ziemlich weit voran. Eine entscheidende Anforderung einer solchen Architektur ist allerdings, dass die **Anwendungsschicht** keine Abhängigkeiten auf den Eingangs- und Ausgangsadaptern hat. Das haben Sie in *Kapitel 3, Abhängigkeiten umkehren*, gelernt.

Für eingehende Adapter, wie Ihren Web-Adapter, ist das einfach, da der Kontrollfluss in die gleiche Richtung weist wie die Abhängigkeit zwischen dem Adapter und dem Domänencode. Der Adapter ruft einfach den Service in der Anwendungsschicht auf. Um die Eintrittspunkte in Ihre Anwendung auch wirklich klar herauszustellen, verstecken Sie die eigentlichen Services hinter Port-Schnittstellen.

Für ausgehende Adapter, wie den Persistenz-Adapter, müssen Sie das **Dependency-Inversion-Prinzip** anwenden, um die Abhängigkeiten gegen die Richtung des Kontrollflusses zu wenden.

Sie haben bereits gesehen, wie das funktioniert. Sie legen eine Schnittstelle innerhalb der Anwendungsschicht an, die durch eine Klasse innerhalb des Adapters implementiert wird. Innerhalb Ihrer Hexagonalen Architektur ist diese Schnittstelle ein Port. Die Anwendungsschicht ruft dann diese Port-Schnittstelle auf, um die Funktionalität des Adapters aufzurufen. Abbildung 4.1 demonstriert das.

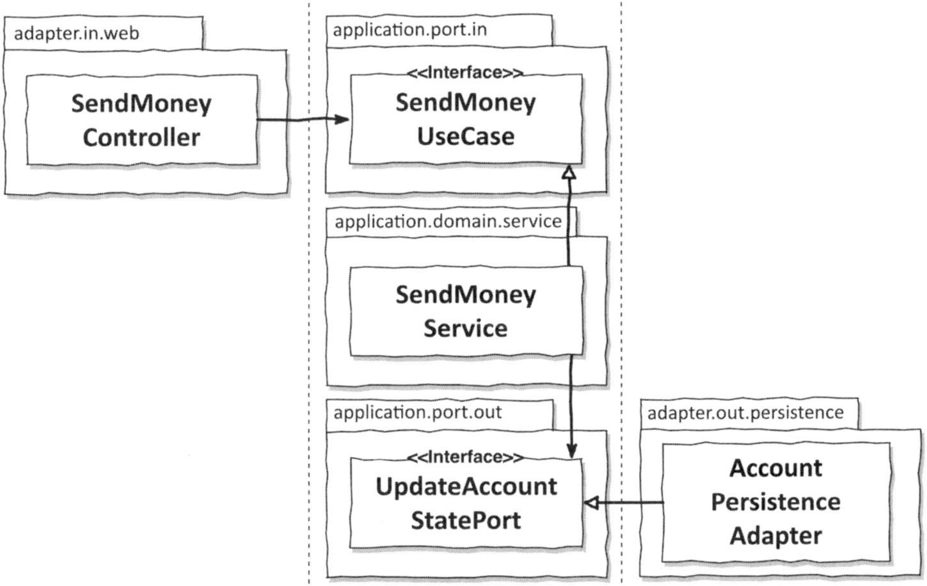

Abb. 4.1: Der Webcontroller ruft einen eingehenden Port auf, der durch einen Service implementiert ist, und der Service wiederum ruft einen ausgehenden Port auf, der durch einen Adapter implementiert ist.

Doch wer stellt der Anwendung die tatsächlichen Objekte zur Verfügung, die die Port-Schnittstellen implementieren? Sie möchten die Port-Implementierungen nicht manuell innerhalb der Anwendungsschicht instanziieren, weil Sie keine

Abhängigkeit zu den Adaptern einführen wollen – diese Abhängigkeit würde in die falsche Richtung zeigen und somit gegen unsere Abhängigkeitsregel verstoßen.

Hier kommt die **Dependency Injection** ins Spiel. Es wird eine neutrale Komponente eingeführt, die Abhängigkeiten auf allen Schichten hat. Diese Komponente ist für das Instanziieren der meisten der Klassen zuständig, aus denen Ihre Architektur gebildet wird.

In der gezeigten Beispielabbildung würde die neutrale Dependency-Injection-Komponente Instanzen der Klassen `SendMoneyController`, `SendMoneyService` und `AccountPersistenceAdapter` erzeugen. Da `SendMoneyController` einen `SendMoneyUseCase` verlangt, übergibt ihm der Dependency-Injection-Mechanismus bei der Konstruktion eine Instanz der `SendMoneyService`-Klasse. Der Controller weiß gar nicht, dass er tatsächlich eine `SendMoneyService`-Instanz erhalten hat, da er nur die Schnittstelle kennen muss.

Beim Konstruieren der `SendMoneyService`-Instanz injiziert der Dependency-Injection-Mechanismus entsprechend eine Instanz der `AccountPersistenceAdapter`-Klasse unter dem Deckmäntelchen der `UpdateAccountStatePort`-Schnittstelle. Der Service hat keine Ahnung von der tatsächlichen Klasse hinter der Schnittstelle.

In *Kapitel 10, Die Anwendung zusammensetzen*, erfahren Sie mehr über die Initialisierung einer Anwendung mithilfe des Spring-Frameworks.

4.5 Wie hilft Ihnen dies, wartbare Software zu entwickeln?

Sie haben sich hier eine Paketstruktur für eine Hexagonale Architektur angeschaut, die die tatsächliche Codestruktur so nahe wie möglich an die Zielarchitektur heranführt. Ein Element der Architektur im Code zu finden, ist jetzt nur noch die Frage des Navigierens durch die Paketstruktur anhand der Namen bestimmter Kästen in einem Architekturdiagramm, was bei Kommunikation, Entwicklung und Wartung hilft.

In den folgenden Kapiteln werden Sie diese Paketstruktur und die Dependency Injection in Aktion erleben, während Sie einen Use Case in der Anwendungsschicht, einen Web-Adapter und einen Persistenz-Adapter implementieren.

Kapitel 5

Einen Use Case implementieren

Nun endlich werden Sie sehen, wie Sie die diskutierte Architektur in tatsächlichen Code umsetzen können.

Da die Anwendungs-, Web- und Persistenzschichten in Ihrer Architektur so lose gekoppelt sind, steht es Ihnen völlig frei, wie Sie Ihren Domänencode entwerfen. Sie können ein **Domain-Driven Design (DDD)** einsetzen, ein reiches oder ein anämisches Domänenmodell implementieren oder ganz und gar Ihre eigene Vorgehensweise erfinden.

In diesem Kapitel wird eine ganz eigene Vorgehensweise beschrieben, Use Cases im Hexagonalen Architekturstil zu implementieren, der in den vorangegangenen Kapiteln vorgestellt wurde.

Wie es sich für eine domänenzentrierte Architektur gehört, werden Sie mit einem Domänen-Entity beginnen und um dieses herum dann einen Use Case bauen.

5.1 Das Domänenmodell implementieren

Sie möchten hier den Use Case des Sendens von Geld von einem Konto zu einem anderen implementieren. Eine Möglichkeit, dies auf objektorientierte Weise zu erreichen, besteht darin, ein `Account`-Entity anzulegen, das es Ihnen ermöglicht, Geld aus einem Quellkonto zu entnehmen und auf einem Zielkonto abzulegen.

Das `Account`-Entity stellt eine Momentaufnahme eines tatsächlichen Kontos bereit. Jede Geldentnahme und -hinterlegung wird in einem `Activity`-Entity erfasst. Da es nicht unbedingt klug wäre, immer alle Aktivitäten eines Kontos in den Speicher zu laden, enthält das `Account`-Entity nur ein Fenster der letzten Tage oder Wochen an Aktivitäten, und zwar erfasst im `ActivityWindow`-Objekt.

Um den aktuellen Kontostand berechnen zu können, besitzt das `Account`-Entity zusätzlich das Attribut `baselineBalance`, das den Kontostand repräsentiert, den das Konto unmittelbar vor der ersten Aktivität des Aktivitätsfensters hatte. Der Gesamtstand ist dann der Baseline-Kontostand plus die Kontobewegungen aller Aktivitäten in dem Fenster.

```
package buckpal.application.domain.model;

public class Account {

  private AccountId id;
  private Money baselineBalance;
  private ActivityWindow activityWindow;

  // constructors and getters omitted

  public Money calculateBalance() {
    return Money.add(
            this.baselineBalance,
            this.activityWindow.calculateBalance(this.id));
  }

  public boolean withdraw(Money money, AccountId targetAccountId) {
    if (!mayWithdraw(money)) {
      return false;
    }

    Activity withdrawal = new Activity(
        this.id,
        this.id,
        targetAccountId,
        LocalDateTime.now(),
        money);
    this.activityWindow.addActivity(withdrawal);
    return true;
  }

  private boolean mayWithdraw(Money money) {
    return Money.add(
        this.calculateBalance(),
        money.negate())
        .isPositive();
  }

  public boolean deposit(Money money, AccountId sourceAccountId) {
    Activity deposit = new Activity(
        this.id,
        sourceAccountId,
        this.id,
        LocalDateTime.now(),
        money);
    this.activityWindow.addActivity(deposit);
    return true;
  }
}
```

Bei diesem Modell wird beim Entnehmen und Hinterlegen von Geld aus bzw. auf einem Konto jeweils eine neue Aktivität im Aktivitätsfenster hinzugefügt. Dies erfolgt in den Methoden `withdraw()` und `deposit()`. Bevor Sie etwas entnehmen, prüfen Sie die Business-Regel, die besagt, dass Sie ein Konto nicht überziehen dürfen.

Nachdem Sie nun einen `Account` haben, der es Ihnen erlaubt, Geld zu entnehmen bzw. zu hinterlegen, können Sie einen Use Case darum bauen.

5.2 Ein Use Case im Überblick

Als Erstes sollten Sie sich anschauen, was ein Use Case tatsächlich macht. Normalerweise geht er folgendermaßen vor:

1. Nimmt die Eingabe entgegen
2. Validiert die Business-Regeln
3. Manipuliert den Zustand des Modells
4. Gibt die Ausgabe zurück

Ein Use Case nimmt eine Eingabe vom Eingangsadapter entgegen. Sie fragen sich vielleicht, wieso ich den ersten Schritt nicht *Validiert die Eingabe* genannt habe. Ich glaube, dass der Code eines Use Case sich nur mit der Domänenlogik befassen und nicht mit der Eingabevalidierung verwässert werden sollte. Die Validierung der Eingabe wird also an anderer Stelle erfolgen, wie Sie in Kürze sehen werden.

Der Use Case ist jedoch verantwortlich für das Validieren von Business-Regeln. Diese Verantwortung teilt er sich mit den Domänen-Entities. Sie werden weiter hinten in diesem Kapitel noch mehr über den Unterschied zwischen **Eingabevalidierung** und **Business-Regel-Validierung** erfahren.

Wenn die Business-Regeln zur Zufriedenheit bestätigt wurden, kann der Use Case den Zustand des Modells in irgendeiner Weise entsprechend der Eingabe manipulieren. Üblicherweise ändert er den Zustand eines Domänenobjekts und übergibt diesen neuen Zustand an einen Port, der durch den Persistenz-Adapter implementiert ist, um ihn abzuspeichern. Wenn der Use Case neben der Persistenz noch weitere Nebenwirkungen auslöst, wird für jede Nebenwirkung ein passender Adapter aufgerufen.

Der letzte Schritt besteht darin, den Rückgabewert vom Ausgangsadapter in ein Ausgangsobjekt zu übersetzen, das dann an den aufrufenden Adapter übergeben wird.

Basierend auf diesen Schritten schauen Sie sich nun an, wie Sie den *Geld senden*-Use-Case implementieren können.

Um das Problem der breiten Services zu vermeiden, das wir in *Kapitel 2, Was ist so falsch an Schichten?*, diskutiert haben, legen Sie für jeden Use Case eine separate Serviceklasse an, anstatt alle Use Cases in eine einzige Serviceklasse zu packen.

Hier ist ein kleiner Vorgeschmack des Ganzen:

```
package buckpal.application.domain.service;

@RequiredArgsConstructor
@Transactional
public class SendMoneyService implements SendMoneyUseCase {

  private final LoadAccountPort loadAccountPort;
  private final UpdateAccountStatePort updateAccountStatePort;

  @Override
  public boolean sendMoney(SendMoneyCommand command) {
    // TODO: validate business rules
    // TODO: manipulate model state
    // TODO: return output
  }
}
```

Der Service implementiert die Schnittstelle des Eingangsports `SendMoneyUseCase` und ruft den Ausgangsport `LoadAccountPort` auf, um ein Konto zu laden, sowie den Port `UpdateAccountStatePort`, um einen aktualisierten Kontozustand in der Datenbank zu persistieren.

Der Service setzt außerdem die Begrenzung für eine Datenbanktransaktion, wie die Annotation `@Transactional` andeutet. Mehr dazu erfahren Sie in *Kapitel 7, Einen Persistenz-Adapter implementieren.*

Abbildung 5.1 bietet Ihnen einen visuellen Überblick über die relevanten Komponenten.

Breite oder schmale Ports?

`UpdateAccountStatePort` und `LoadAccountPort` sind in diesem Beispiel Portschnittstellen, die durch einen Persistenz-Adapter implementiert wurden. Wenn sie oft zusammen verwendet werden, könnte man sie auch in einer breiteren Schnittstelle kombinieren. Man könnte diese Schnittstelle sogar `AccountsRepository` nennen, um bei der DDD-Sprache zu bleiben. In diesem Beispiel und im Rest des Buches habe ich mich dafür entschieden, den Namen »Repository« nur im Persistenz-Adapter zu benutzen. Sie dürfen aber natürlich auch andere Namen wählen!

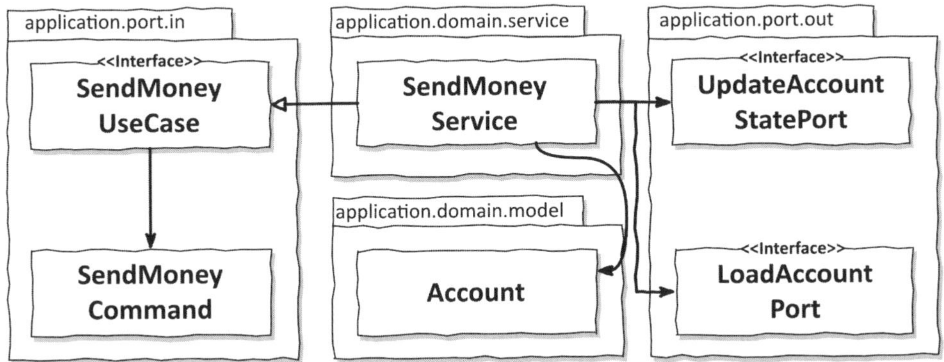

Abb. 5.1: Ein Service implementiert einen Use Case, modifiziert das Domänenmodell und ruft einen Ausgangsport auf, um den modifizierten Zustand in der Datenbank abzulegen.

Kümmern wir uns nun um die `TODO`-Kommentare im gezeigten Code.

5.3 Die Eingabe validieren

Es soll hier nun um das Validieren der Eingabe gehen, obwohl ich gerade behauptet hatte, dass eine Use-Case-Klasse dafür nicht verantwortlich ist. Ich bin dennoch der Überzeugung, dass dies in die Anwendungsschicht gehört, weshalb ich dies hier vorstellen werde.

Wieso lassen wir nicht den aufrufenden Adapter die Eingabe validieren, bevor diese an den Use Case gesandt wird? Nun ja, wollen Sie dem Aufrufer vertrauen, dass er alles validiert hat, was für den Use Case erforderlich ist? Der Use Case könnte außerdem von mehr als einem Adapter aufgerufen werden, sodass die Validierung von jedem Adapter implementiert werden müsste, und einer könnte es falsch machen oder ganz und gar vergessen.

Die Anwendungsschicht sollte sich um die Eingabevalidierung kümmern, weil es sonst passieren könnte, dass sie ungültige Eingaben von außerhalb des Anwendungskerns erhält. Das könnte den Zustand Ihres Modells beschädigen.

Doch wohin legen Sie die Eingabevalidierung, wenn sie nicht in die Use-Case-Klasse kommt?

Soll sich das Eingabemodell darum kümmern. Für den *Geld senden*-Use Case ist das die `SendMoneyCommand`-Klasse, die Sie bereits aus dem vorherigen Codebeispiel kennen. Genauer, die Validierung erfolgt innerhalb des Konstruktors:

```
package buckpal.application.port.in;

public record SendMoneyCommand(
        AccountId sourceAccountId,
        AccountId targetAccountId,
        Money money) {

    public SendMoneyCommand(
            AccountId sourceAccountId,
            AccountId targetAccountId,
            Money money) {
        requireNonNull(sourceAccountId);
        requireNonNull(targetAccountId);
        requireNonNull(money);
        requireGreaterThan(money, 0);
        this.sourceAccountId = sourceAccountId;
        this.targetAccountId = targetAccountId;
        this.money = money;

    }
}
```

Um Geld zu senden, brauchen Sie die IDs des Quell- und des Zielkontos sowie die Geldmenge, die überwiesen werden soll. Keiner der Parameter darf `null` sein und die Geldmenge muss größer als null sein. Wird eine dieser Bedingungen verletzt, lehnen Sie die Erzeugung des Objekts einfach ab, indem Sie während der Konstruktion eine Exception werfen.

Durch die Verwendung eines **record** zum Implementieren von `SendMoneyCommand` machen Sie es **immutable** (unveränderlich). Das heißt, sobald es erfolgreich konstruiert wurde, können Sie sicher sein, dass der Zustand valide ist und nicht in etwas Invalides geändert werden kann. Da `SendMoneyCommand` Teil der API des Use Case ist, befindet es sich im Paket des Eingangsports. Das bedeutet, die Validierung bleibt im Kern der Anwendung (am inneren Rand des Hexagons Ihrer Architektur), »verschmutzt« aber nicht den heiligen Use-Case-Code.

Doch wollen Sie wirklich jeden Validierungstest von Hand implementieren, wenn es Bibliothcken gibt, die Ihnen die schmutzige Arbeit abnehmen? Ich habe oft Aussagen gehört wie: »Man sollte keine Bibliotheken in den Modellklassen benutzen.« Es ist natürlich einigermaßen klug, die Abhängigkeiten zu externen Bibliotheken auf ein Minimum zu reduzieren, doch wenn man mit einer winzig kleinen Abhängigkeit davonkommen kann, die eine Zeitersparnis mit sich bringt, warum sollte man sie dann nicht ausnutzen? Schauen wir uns mal an, wie die Eingabevalidierung mit Javas Bean-Validation-API aussehen könnte.[1]

1 Bean Validation: `https://beanvalidation.org/`.

Bean Validation erlaubt es Ihnen, die erforderlichen Validierungsregeln als Annotationen auf den Feldern einer Klasse auszudrücken:

```
package buckpal.application.port.in;

public record SendMoneyCommand(
        @NotNull AccountId sourceAccountId,
        @NotNull AccountId targetAccountId,
        @NotNull @PositiveMoney Money money) {

    public SendMoneyCommand(
            AccountId sourceAccountId,
            AccountId targetAccountId,
            Money money) {
        this.sourceAccountId = sourceAccountId;
        this.targetAccountId = targetAccountId;
        this.money = money;
        Validator.validate(this);
    }
}
```

Die Klasse `Validator` stellt die Methode `validate()` zur Verfügung, die Sie einfach als letzte Anweisung im Konstruktor aufrufen. Dies evaluiert die Bean-Validation-Annotationen auf den Feldern (in diesem Fall `@NotNull`) und wirft im Falle einer Verletzung eine Exception. Wenn die vorgegebenen Bean-Validation-Annotationen für eine bestimmte Validierung nicht aussagekräftig genug sind, können Sie Ihre eigenen Annotationen und Validatoren implementieren, wie Sie das mit der Annotation `@PositiveMoney` gemacht haben.[2]

Die Implementierung der `Validator`-Klasse könnte so aussehen:

```
public class Validator {

    private final static jakarta.validation.Validator validator =
            Validation.buildDefaultValidatorFactory()
                    .getValidator();

    /**
     * Evaluates all Bean Validation annotations on the subject.
     */
    public static <T> void validate(T subject) {
        Set<ConstraintViolation<T>> violations = validator.validate(subject);
        if (!violations.isEmpty()) {
```

2 Sie finden den kompletten Code der Implementierung der `@PositiveMoney`-Annotation und des Validators im GitHub-Repository unter `https://github.com/thombergs/buckpal`.

```
            throw new ConstraintViolationException(violations);
        }
    }
}
```

Mit der Validierung im Eingangsmodell haben Sie nun eine **Anti-Korruptionsschicht** rund um Ihre Use-Case-Implementierungen geschaffen. Das ist keine Schicht im Sinne einer geschichteten Architektur, die die nächste Schicht darunter aufruft, sondern eine Art Schutzschirm um Ihre Use Cases, der schlechte Eingaben zurück an den Aufrufer abprallen lässt.

Beachten Sie, dass der Begriff »Command«, wie er in der Klasse `SendMoneyCommand` verwendet wird, nicht der herkömmlichen Interpretation von »Kommando« im Sinne des command pattern entspricht.[3] Im **command pattern** ist ein Befehl ausführbar, das heißt, er besitzt eine Methode namens `execute()`, die tatsächlich den Use Case auslöst. In Ihrem Fall ist das Kommando nur ein Datentransferobjekt, das die erforderlichen Parameter an den Use-Case-Service überträgt, der den Befehl ausführt. Man könnte dies stattdessen `SendMoneyDTO` nennen, aber ich möchte, dass der Begriff »Kommando« es ganz klar macht, dass wir mit diesem Use Case den Modellzustand ändern.

5.4 Die Macht von Konstruktoren

Das **Eingangsmodell**, `SendMoneyCommand`, erlegt seinem Konstruktor eine Menge Verantwortung auf. Da die Klasse unveränderlich ist, enthält die Argumentliste des Konstruktors einen Parameter für jedes Attribut der Klasse. Und da der Konstruktor auch die Parameter validiert, ist es nicht möglich, ein Objekt mit einem ungültigen Zustand zu erzeugen.

In diesem Fall hat der Konstruktor nur drei Parameter. Was wäre, wenn es mehr Parameter gäbe? Könnten Sie das Builder-Muster benutzen, um den Code entwicklerfreundlicher zu machen? Sie könnten den Konstruktor mit der langen Parameterliste private machen und den Aufruf auf ihn in der `build()`-Methode Ihres Builders verstecken. Anstatt dann gezwungen zu sein, einen Konstruktor mit 20 Parametern aufzurufen, könnten Sie ein Objekt zum Beispiel wie folgt erzeugen:

```
new SendMoneyCommandBuilder()
    .sourceAccountId(new AccountId(41L))
    .targetAccountId(new AccountId(42L))
    // ... initialize many other fields
    .build();
```

3 Command pattern: `https://en.wikipedia.org/wiki/Command_pattern` bzw. Kommando (Entwurfsmuster): `https://de.wikipedia.org/wiki/Kommando_(Entwurfsmuster)`.

Der Konstruktor kann weiterhin die Validierung vornehmen, sodass der Builder kein Objekt mit einem ungültigen Zustand konstruieren kann.

Klingt gut? Denken Sie darüber nach, was passiert, wenn Sie ein weiteres Feld zu `SendMoneyCommandBuilder` hinzufügen müssen (was ein paar Mal im Lebenszyklus eines Softwareprojekts vorkommen dürfte). Sie fügen das neue Feld zum Konstruktor und zum Builder hinzu. Eine Kollegin (oder ein Telefonanruf, eine E-Mail, ein Schmetterling ...) unterbricht Ihren Gedankengang. Nach der Unterbrechung machen Sie sich wieder an die Programmierung und vergessen, das neue Feld in den Code einzufügen, das den Builder aufruft, um ein Objekt zu erzeugen.

Sie erhalten vom Compiler keine Warnung darüber, dass er versucht, ein unveränderliches Objekt in einem ungültigen Zustand zu erzeugen! Sicher, zur Laufzeit – hoffentlich in einem Unit-Test – springt immer noch die Validierungslogik an und wirft eine Exception, weil Sie einen Parameter verpasst haben.

Falls Sie aber den Konstruktor direkt benutzen, statt ihn hinter einem Builder zu verstecken, können Sie jedes Mal, wenn ein neues Feld hinzugefügt oder ein vorhandenes Feld entfernt wird, der Spur der Compile-Fehler folgen, um diese Änderung im Rest der Codebasis widerzuspiegeln.

Lange Parameterlisten können sogar schön formatiert werden, und gute IDEs helfen, indem sie die Parameternamen anzeigen:

```
new ClassWithManyFields(
        name: "Donald",
        LocalDate.of( year: 1934, month: 6, dayOfMonth: 9),
        socialSecurityNumber: "1234567",
        birthplace: "Duckburg",
        street: "Duckstreet 42",
        city: "Duckburg",
        zipcode: "12345",
        country: "USA",
        state: "Calisota");
```

Abb. 5.2: Die IDE zeigt uns die Parameternamen, damit wir uns besser zurechtfinden.

Um den vorangegangenen Code noch lesbarer und sicherer zu machen, können Sie unveränderliche **Wertobjekte (value objects)** einführen, um einige der Primitiven zu ersetzen, die Sie als Konstruktorparameter benutzt haben. Ein Wertobjekt ist ein Objekt, dessen Wert seine Identität ist. Zwei Wertobjekte mit demselben Wert werden als gleich angesehen. Anstatt Straße, Ort, Postleitzahl, Land und Staat getrennt zu übergeben, könnten Sie diese zum Beispiel zu einem `Address`-Wertobjekt kombinieren, weil sie zusammengehören. Sie könnten sogar einen Schritt weiter gehen und zum Beispiel `City`- und `ZipCode`-Wertobjekte anlegen. Dies würde die Wahrscheinlichkeit reduzieren, dass ein `String`-Parameter mit einem anderen verwechselt wird, weil der Compiler sich beschweren würde, wenn wir versuchten, eine `City` in einen `ZipCode`-Parameter zu übergeben und umgekehrt.

Es gibt allerdings Fälle, in denen ein Builder die bessere Lösung sein könnte. Falls zum Beispiel einige der Parameter in `ClassWithManyFields` aus dem vorangegangenen Beispiel optional wären, müssten wir `null`-Werte in den Konstruktor übergeben, was bestenfalls hässlich wäre. Ein Builder würde es Ihnen erlauben, nur die erforderlichen Parameter zu definieren. Bei Verwendung von Buildern müssen Sie allerdings unbedingt dafür sorgen, dass die `build()`-Methode laut und deutlich fehlschlägt, wenn Sie vergessen, einen erforderlichen Parameter zu definieren, da der Compiler das nicht für Sie überprüft!

5.5 Unterschiedliche Eingabemodelle für unterschiedliche Use Cases

Sie könnten versucht sein, für unterschiedliche Use Cases immer wieder dasselbe Eingabemodell zu verwenden. Betrachten wir einmal die Use Cases *Konto registrieren* und *Kontodetails aktualisieren*. Beide brauchen anfangs nahezu dieselben Eingaben, nämlich einige Kontodetails wie einen Benutzernamen und eine E-Mail-Adresse.

Der *Aktualisieren*-Use-Case erfordert jedoch die ID des Kontos, das aktualisiert werden soll, während der *Registrieren*-Use-Case diese nicht braucht. Würden beide Use Cases dasselbe Eingabemodell verwenden, müssten Sie in den *Registrieren*-Use-Case immer die Konto-ID `null` übergeben. Das ist im besten Fall lästig und im schlimmsten Fall schädlich, da beide Use Cases jetzt gekoppelt sind und sich nicht mehr unabhängig voneinander weiterentwickeln können.

Den Wert `null` als gültigen Zustand eines Feldes in Ihrem unveränderlichen Kommandoobjekt zu erlauben, ist an sich schon ein Code-Smell. Doch noch wichtiger ist die Frage: Wie gehen Sie jetzt mit der Eingabevalidierung um? Die Validierung ist für die Use Cases *Registrieren* und *Aktualisieren* jeweils unterschiedlich, da der eine die ID benötigt und der andere nicht. Sie müssten in die Use Cases selbst eine entsprechende Validierungslogik einbauen und würden dadurch den heiligen Business-Code mit Belangen der Eingabevalidierung verunreinigen.

Was machen Sie außerdem, falls das Konto-ID-Feld versehentlich einen Nicht-Null-Wert im *Konto registrieren*-Use-Case hat? Werfen Sie einen Fehler? Ignorieren Sie das einfach? Dies sind Fragen, die von den für die Wartung verantwortlichen Personen – darunter Ihr zukünftiges Ich – gestellt werden, wenn sie den Code sehen.

Ein spezifisches, an einen einzigen Use Case angepasstes Eingabemodell macht den Use Case viel eindeutiger und entkoppelt ihn außerdem von den anderen Use Cases. Dadurch werden unerwünschte Nebenwirkungen vermieden. Das Ganze ist natürlich nicht kostenlos, da Sie die eingehenden Daten für unterschiedliche Use Cases auf unterschiedliche Eingabemodelle abbilden müssen. Wir werden diese Mapping-Strategie zusammen mit anderen Mapping-Strategien in *Kapitel 9, Mapping über Grenzen hinweg*, diskutieren.

5.6 Business-Regeln validieren

Das Validieren der Eingabe ist zwar kein Teil der Use-Case-Logik, das Validieren der Business-Regeln dagegen unbedingt. Business-Regeln sind das Herzstück der Anwendung und müssen mit entsprechender Sorgfalt behandelt werden. Doch wann haben Sie es mit der Eingabevalidierung zu tun und wann mit einer Business-Regel?

Eine sehr pragmatische Unterscheidung zwischen den beiden ist, dass das Validieren einer Business-Regel den Zugriff auf den aktuellen Zustand des Domänenmodells verlangt, während das Validieren der Eingabe dies nicht tut. Eingabevalidierung kann deklarativ implementiert werden, wie dies mit den `@NotNull`-Annotationen weiter oben erfolgt ist, während eine Business-Regel mehr Kontext erfordert.

Man könnte auch sagen, dass die Eingabevalidierung eine syntaktische Validierung ist, während eine Business-Regel eine semantische Validierung im Kontext eines Use Case ist.

Nehmen wir als Beispiel einmal die Regel *das Quellkonto darf nicht überzogen werden*. Laut der vorgestellten Definition ist dies eine Business-Regel, da sie Zugriff auf den aktuellen Zustand des Modells benötigt, um den Stand des Quellkontos zu überprüfen.

Im Gegensatz dazu kann die Regel *der zu überweisende Betrag muss größer als null sein* ohne Zugriff auf das Modell validiert werden. Sie kann deshalb als Teil der Eingabevalidierung implementiert werden.

Mir ist bewusst, dass diese Unterscheidung durchaus angefochten werden kann. Man könnte anführen, dass der Überweisungsbetrag so wichtig ist, dass seine Validierung auf jeden Fall als Business-Regel betrachtet werden sollte.

Die Unterscheidung hilft Ihnen jedoch, bestimmte Validierungen innerhalb der Codebasis zu platzieren und später leicht aufzufinden. Das ist so einfach wie das Beantworten der Frage, ob die Validierung Zugriff auf den aktuellen Zustand des Modells braucht oder nicht. Das hilft Ihnen nicht nur, die Regel überhaupt erst einmal zu implementieren, sondern hilft auch dem künftigen »Wartungspersonal«, sie wiederzufinden. Es ist außerdem ein großartiges Beispiel für meine Behauptung aus *Kapitel 1, Wartbarkeit*, dass Wartbarkeit die Entscheidungsfindung unterstützt.

Wie implementieren Sie also eine Business-Regel?

Am besten ist es, die Business-Regeln in ein Domänen-Entity zu platzieren, wie das für die Regel *das Quellkonto darf nicht überzogen werden* geschehen ist:

```
package buckpal.application.domain.model;

public class Account {

  // ...

  public boolean withdraw(
          Money money,
          AccountId targetAccountId) {
    if (!mayWithdraw(money)) {
      return false;
    }
    // ...
  }
}
```

Auf diese Weise ist die Business-Regel leicht zu finden und zu beurteilen, da sie sich direkt neben der Business-Logik befindet, die verlangt, dass diese Regel beachtet wird.

Falls es nicht machbar ist, eine Business-Regel in einem Domänen-Entity zu validieren, können Sie dies im Use-Case-Code erledigen, bevor dieser beginnt, auf den Domänen-Entities tätig zu werden:

```
package buckpal.application.domain.service;

@RequiredArgsConstructor
@Transactional
public class SendMoneyService implements SendMoneyUseCase {

  // ...

  @Override
  public boolean sendMoney(SendMoneyCommand command) {
    requireAccountExists(command.sourceAccountId());
    requireAccountExists(command.targetAccountId());
    ...
  }
}
```

Sie rufen eine Methode auf, die die tatsächliche Validierung durchführt und eine dedizierte Exception wirft, wenn diese Validierung fehlschlägt. Der Adapter, der die Schnittstelle zum Benutzer bildet, kann diese Exception dann dem Benutzer als Fehlermeldung anzeigen oder in anderer Weise verarbeiten.

Im vorangegangenen Fall prüft die Validierung lediglich, ob die Quell- und Zielkonten in der Datenbank tatsächlich existieren. Komplexere Business-Regeln könnten von Ihnen verlangen, zuerst das Domänenmodell aus der Datenbank zu laden und dann einige Tests in Bezug auf seinen Zustand auszuführen. Wenn Sie das Domänenmodell sowieso laden müssen, sollten Sie die Business-Regel in den Domänen-Entities selbst implementieren, wie das bei der Regel *das Quellkonto darf nicht überzogen werden* geschehen ist.

5.7 Reiches versus anämisches Domänenmodell

Der Architekturstil lässt offen, wie Ihr Domänenmodell implementiert werden sollte. Das ist ein Segen, da Sie tun können, was in Ihrem Kontext am besten ist, und ein Fluch, weil es keine Richtlinien gibt, die Ihnen helfen könnten.

Ein häufiger Diskussionspunkt ist, ob ein **reiches Domänenmodell** nach der DDD-Philosophie oder ein **»anämisches« (also »blutarmes«) Domänenmodell** implementiert werden sollte. Schauen wir uns mal an, wie diese beiden Modelle jeweils in unsere Architektur passen.

In einem reichen Domänenmodell wird so viel wie möglich von der Domänenlogik innerhalb der Entities im Kern der Anwendung implementiert. Die Entities stellen Methoden bereit, um den Zustand zu ändern, und erlauben nur Änderungen, die entsprechend den Business-Regeln valide sind. Auf diese Art haben wir oben das `Account`-Entity realisiert. Wo ist in diesem Szenario Ihre Use-Case-Implementierung?

In diesem Fall dient Ihr Use Case als Eintrittspunkt in das Domänenmodell. Ein Use Case repräsentiert dann nur die Absicht des Benutzers und übersetzt diese in orchestrierte Methodenaufrufe für die Domänen-Entities, die dann die eigentliche Arbeit erledigen. Viele der Business-Regeln sind in den Entities zu finden statt in der Use-Case-Implementierung.

Der *Geld senden*-Use-Case-Service würde die Quell- und Zielkonto-Entities laden, ihre `withdraw()`- und `deposit()`-Methoden aufrufen und sie zurück an die Datenbank senden.[4]

In einem »anämischen« Domänenmodell sind die Entities selbst sehr dünn. Sie stellen normalerweise nur Felder bereit, die den Zustand aufnehmen, sowie Getter- und Setter-Methoden zum Lesen und Ändern des Zustands. Sie enthalten keine Domänenlogik.

Die Domänenlogik wird also in den Use-Case-Klassen implementiert. Sie sind verantwortlich für das Validieren der Business-Regeln, das Ändern des Zustands der Entities und das Übergeben dieser an die Ausgangsports, die dafür verantwortlich

4 Tatsächlich müsste der *Geld senden*-Use-Case auch noch sicherstellen, dass nicht zur selben Zeit ein weiterer Geldtransfer zu und vom Quell- und Zielkonto erfolgt, um ein Überziehen eines Kontos zu vermeiden.

sind, sie in der Datenbank abzulegen. Der »Reichtum« ist in den Use Cases enthalten und nicht in den Entities.

Beide Stile und eine ganze Reihe weiterer Stile können mithilfe des Architekturansatzes implementiert werden, der in diesem Buch diskutiert wird. Entscheiden Sie sich einfach für den, der am besten zu Ihren Bedürfnissen passt.

5.8 Unterschiedliche Ausgabemodelle für unterschiedliche Use Cases

Was soll der Use Case an den Aufrufer zurückgeben, wenn er seine Arbeit erledigt hat?

Ähnlich wie bei der Eingabe hat es Vorteile, wenn die Ausgabe so spezifisch wie möglich für den Use Case ist. Die Ausgabe sollte nur die Daten enthalten, die der Aufrufer zur Weiterverarbeitung wirklich braucht.

Im Beispielcode des *Geld senden*-Use-Cases geben wir einen Boole'schen Wert zurück. Dies ist der minimale und spezifischste Wert, der in diesem Kontext zurückgegeben werden kann.

Man könnte versucht sein, einen kompletten `Account` mit dem aktualisierten Entity an den Aufrufer zurückzuliefern. Vielleicht interessiert sich der Aufrufer ja für den neuen Kontostand.

Doch wollen Sie wirklich den *Geld senden*-Use-Case dazu bringen, diese Daten zurückzugeben? Braucht der Aufrufer sie wirklich? Wäre es in diesem Fall nicht besser, einen dedizierten Use Case zum Zugriff auf diese Daten anzulegen, die von unterschiedlichen Aufrufern benutzt werden können?

Es gibt nicht DIE eine richtige Antwort auf diese Fragen. Sie sollten diese Fragen aber dennoch stellen, um die Use Cases so spezifisch wie möglich zu halten. Im Zweifelsfall geben Sie so wenig wie möglich an den Aufrufer zurück.

Teilen sich Use Cases dasselbe Ausgabemodell, dann sind diese Use Cases eng aneinander gekoppelt. Braucht einer dieser Use Cases ein neues Feld im Ausgabemodell, dann müssen die anderen Use Cases dieses Feld ebenfalls verarbeiten, auch wenn es für sie irrelevant ist. Modelle, die von mehreren Use Cases genutzt werden, neigen auf lange Sicht dazu, unkontrolliert zu wuchern. Das hat verschiedene Gründe. Die Anwendung des Single-Responsibility-Prinzips und die Trennung der Modelle hilft dabei, Use Cases zu entkoppeln.

Aus dem gleichen Grund sollten Sie der Versuchung widerstehen, Ihre Domänen-Entities als Ausgabemodell zu benutzen. Sie wollen schließlich nicht, dass sich Ihre Domänen-Entities aus mehr Gründen ändern als nötig. In *Kapitel 11, Bewusst*

Abkürzungen nehmen, werden Sie mehr über das Verwenden der Entities als Eingabe- oder Ausgabemodelle erfahren.

5.9 Was ist mit »read only« Use Cases?

Bisher ging es nur darum, wie Sie einen Use Case implementieren, der den Zustand Ihres Modells ändert. Wie implementieren Sie jedoch »read only« Use Cases, also solche, auf die man nur lesend zugreifen kann? Nehmen Sie einmal an, die Benutzerschnittstelle (User Interface; UI) muss einen Kontostand anzeigen. Stellen Sie dafür extra eine Use-Case-Implementierung her?

Es ist etwas seltsam, den Begriff »Use Case« für Leseoperationen wie diese zu benutzen. Sicher, das UI braucht die Daten für einen Use Case, den Sie *Kontostand anschauen* nennen könnten, doch in manchen Fällen ist es ein bisschen weit hergeholt, so etwas als »Use Case« zu bezeichnen. Wird dies im Kontext eines Projekts als Use Case betrachtet, dann sollten Sie dies durchaus genau wie alle anderen implementieren.

Aus Sicht des Kerns der Anwendung ist dies jedoch einfach nur eine Datenabfrage. Wird das Ganze also im Kontext des Projekts nicht als Use Case betrachtet, dann können Sie es als Abfrage implementieren, um es von den echten Use Cases zu unterscheiden.

Eine Möglichkeit, dies innerhalb Ihres Architekturstils zu erledigen, besteht darin, einen dedizierten eingehenden Port für die Abfrage anzulegen und ihn in einem »Abfrageservice« zu implementieren:

```
package buckpal.application.domain.service;

@RequiredArgsConstructor
class GetAccountBalanceService implements GetAccountBalanceUseCase {

    private final LoadAccountPort loadAccountPort;

    public Money getAccountBalance(GetAccountBalanceQuery query) {
        return loadAccountPort.loadAccount(query.accountId(), LocalDateTime.now())
                .calculateBalance();
    }
}
```

Der **Abfrageservice** agiert genauso wie Ihre »Kommando«-Use-Case-Services. Er implementiert einen eingehenden Port, der hier `GetAccountBalanceUseCase` genannt wurde, und ruft den ausgehenden Port, `LoadAccountPort`, auf, um tatsächlich die Daten aus der Datenbank zu laden. Als Eingabemodell wird der `GetAccountBalanceQuery`-Typ benutzt.

Auf diese Weise können in Ihrer Codebasis lesende Abfragen von schreibenden bzw. modifizierenden Use Cases (oder »Kommandos«) unterschieden werden. Sie müssen sich lediglich die Namen der Eingangstypen anschauen, um zu wissen, mit welchen Sie es zu tun haben. Das passt alles ganz gut zu Konzepten wie **Command-Query Separation** (**CQS**) und **Command-Query Responsibility Segregation** (**CQRS**).

Im vorangegangenen Code macht der Service eigentlich nichts weiter, als die Abfrage an den ausgehenden Port zu übergeben. Wenn Sie dasselbe Modell über verschiedene Schichten hinweg benutzen, können Sie eine Abkürzung nehmen und den Client den ausgehenden Port direkt aufrufen lassen, anstatt den Umweg über den Abfrageservice zu nehmen. Mehr dazu erfahren Sie in *Kapitel 11, Bewusst Abkürzungen nehmen*.

5.10 Wie hilft Ihnen dies, wartbare Software zu entwickeln?

Ihre Architektur erlaubt es Ihnen, die Domänenlogik so zu implementieren, wie es Ihnen passt, doch wenn Sie Eingaben und Ausgaben Ihrer Use Cases unabhängig modellieren, vermeiden Sie unerwünschte Nebenwirkungen.

Ja, das ist mehr Arbeit, als einfach nur dieselben Modelle in mehreren Use Cases zu benutzen. Sie müssen für jeden Use Case ein eigenes Modell einführen und ein Mapping zwischen diesem Modell und den Entities vornehmen.

Doch Use-Case-spezifische Modelle sorgen für ein scharfes Verständnis eines Use Case, sodass dieser auf lange Sicht besser gepflegt und gewartet werden kann. Außerdem ermöglichen sie es, dass mehrere Entwickler parallel an verschiedenen Use Cases arbeiten, ohne dass sie einander im Weg herumstehen.

Zusammen mit einer scharfen Eingabevalidierung sind Use-Case-spezifische Eingabe- und Ausgabemodelle gute Maßnahmen hin zu einer wartbaren Codebasis.

Im nächsten Kapitel werden Sie vom Kern Ihrer Anwendung einen Schritt »nach außen« gehen und sich anschauen, wie Sie einen Web-Adapter erstellen können, der einen Kanal zur Verfügung stellt, über den die Benutzer mit Ihrem Use Case kommunizieren.

Kapitel 6

Einen Web-Adapter implementieren

Die meisten Anwendungen heutzutage besitzen irgendeine Art von Webschnittstelle – entweder eine Benutzerschnittstelle (UI), auf die man über einen Webbrowser zugreift, oder eine HTTP-API, die von anderen Systemen aufgerufen werden kann.

In Ihrer Zielarchitektur verläuft die gesamte Kommunikation mit der Außenwelt über Adapter. Diskutieren wir also, wie Sie einen Adapter implementieren können, der eine solche Webschnittstelle bereitstellt.

6.1 Dependency Inversion

Abbildung 6.1 bietet Ihnen einen genaueren Blick auf die Elemente der Architektur, die für eine Diskussion über den Web-Adapter relevant sind – den Adapter selbst sowie die Ports, durch die er mit dem Kern der Anwendung interagiert:

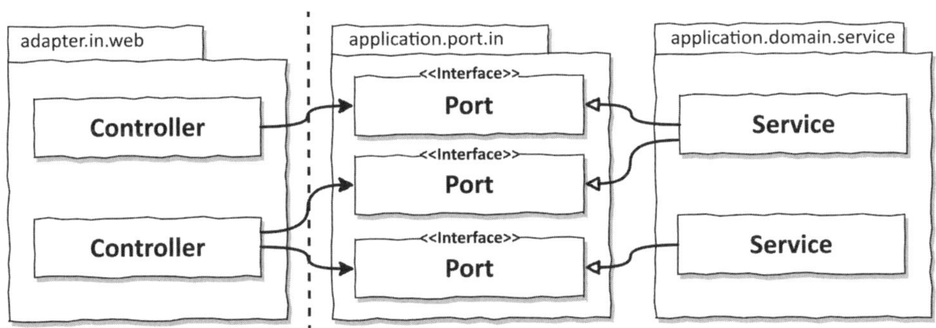

Abb. 6.1: Ein eingehender Adapter spricht durch dedizierte eingehende Ports – Interfaces, die durch den Domänenservice implementiert sind – mit der Anwendungsschicht.

Der Web-Adapter ist ein »treibender« oder »eingehender« Adapter (oder auch Eingangsadapter). Er nimmt Anforderungen von der Außenwelt entgegen und übersetzt sie in Aufrufe an Ihren Anwendungskern, in denen er diesem sagt, was zu tun ist. Der Kontrollfluss verläuft von den Controllern im Web-Adapter zu den Services in der Anwendungsschicht.

Die Anwendungsschicht stellt spezielle Ports bereit, durch die der Web-Adapter kommunizieren kann. Jeder Port stellt das dar, was ich im vorigen Kapitel als »Use Case« bezeichnet habe, und wird durch einen Service in der Anwendungsschicht implementiert.

Wenn Sie genauer hinschauen, dann bemerken Sie, dass dies das Dependency-Inversion-Prinzip in Aktion ist. Da der Kontrollfluss von links nach rechts verläuft, könnte man auch den Web-Adapter die Use Cases direkt aufrufen lassen, wie Abbildung 6.2 zeigt.

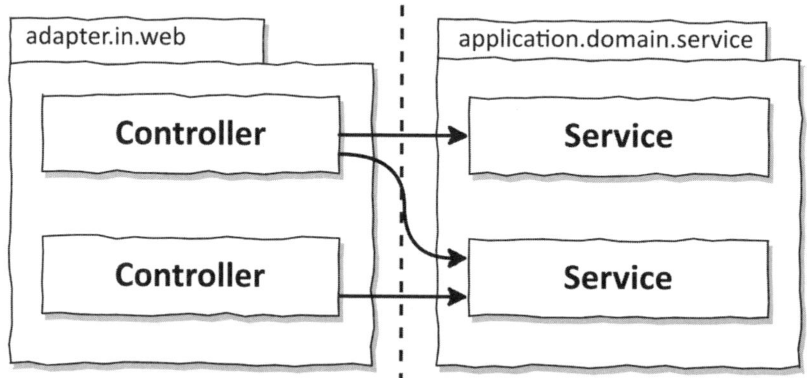

Abb. 6.2: Man kann die Portschnittstellen entfernen und die Services direkt aufrufen.

Warum fügen Sie also eine weitere Schicht zwischen den Adapter und die Use Cases ein, die eine Art Umweg darstellt? Sie machen das, weil die Ports eine Spezifikation der Stellen sind, an denen die Außenwelt mit Ihrem Anwendungskern interagieren kann. Mithilfe der Ports wissen Sie genau, welche Kommunikation mit der Außenwelt stattfindet. Das sind wertvolle Informationen für einen Wartungsentwickler, der an Ihrer alten Codebasis arbeitet.

Die Kenntnis der Ports, die die Anwendung treiben, erlaubt es Ihnen außerdem, einen Testtreiber für die Anwendung zu entwickeln. Dieser Testtreiber ist ein Adapter, der die Eingangsports aufruft, um bestimmte Nutzungsszenarien zu simulieren und zu testen – mehr zum Testen erfahren Sie in *Kapitel 8, Architekturelemente testen*.

Sie kennen nun die Bedeutung von Eingangsports und sollten wissen, dass eine der Abkürzungen, die Sie in *Kapitel 11, Bewusst Abkürzungen nehmen*, kennenlernen werden, darin besteht, einfach die Eingangsports wegzulassen und die Anwendungsservices direkt aufzurufen.

Eine Frage bleibt allerdings, die relevant ist für hochinteraktive Anwendungen. Stellen Sie sich eine Serveranwendung vor, die Echtzeitdaten über WebSocket an den Browser des Benutzers sendet. Wie sendet der Anwendungskern diese Echtzeitdaten an den Web-Adapter, der sie wiederum an den Browser des Benutzers schickt?

Für dieses Szenario brauchen Sie definitiv einen Port, da die Anwendung ohne einen Port auf eine Adapter-Implementierung zurückgreifen müsste. Damit würden unsere Bemühungen, die Anwendung frei von Abhängigkeiten von außen zu halten, zunichtegemacht werden. Dieser Port muss durch den Web-Adapter implementiert und durch den Anwendungskern aufgerufen werden. In Abbildung 6.3 wird dies grafisch dargestellt.

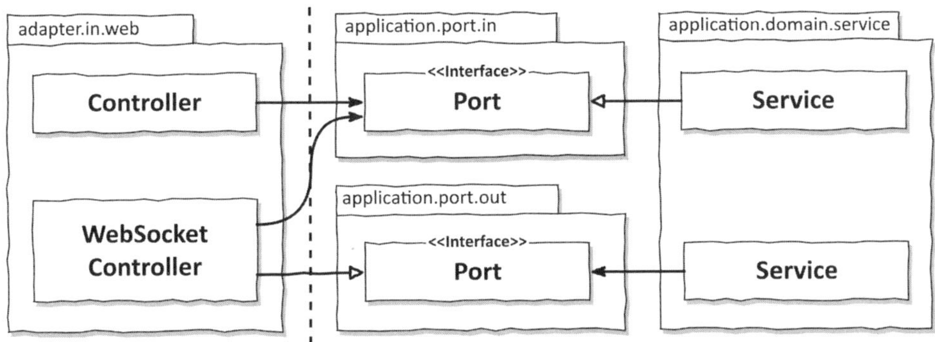

Abb. 6.3: Wenn eine Anwendung aktiv einen Web-Adapter benachrichtigen muss, dann müssen Sie den Weg durch einen Ausgangsport nehmen, um die Abhängigkeiten in der richtigen Richtung zu halten.

Der `WebSocketController` auf der linken Seite implementiert die Portschnittstelle im `out`-Paket. Services im Anwendungskern können diesen Port aufrufen, um Echtzeitdaten an den Browser des Benutzers zu schicken.

Technisch gesehen wäre dies ein ausgehender Port und der Web-Adapter würde ein eingehender und ausgehender Adapter sein. Es gibt keinen Grund, weshalb derselbe Adapter nicht beides gleichzeitig sein kann. Nehmen Sie für den Rest dieses Kapitels aber an, dass der Web-Adapter nur ein eingehender Adapter ist – schließlich ist dies der gebräuchlichste Fall.

6.2 Die Verantwortlichkeiten eines Web-Adapters

Was genau macht ein Web-Adapter eigentlich? Nehmen Sie einmal an, Sie wollen für die BuckPal-Anwendung eine REST API bereitstellen. Wo beginnen und enden die Verantwortlichkeiten des Web-Adapters?

Ein Web-Adapter macht normalerweise folgende Dinge:

1. Mappt die eingehenden HTTP-Anfragen zu Objekten
2. Führt Autorisierungsprüfungen durch
3. Validiert die Eingabe
4. Erzeugt das Eingabemodell für den Use Case
5. Ruft den Use Case auf
6. Mappt die Ausgabe des Use Case zurück in eine HTTP-Antwort
7. Gibt die HTTP-Antwort zurück

Zuallererst muss ein Web-Adapter auf HTTP-Anfragen lauschen, die bestimmten Kriterien entsprechen, etwa einem URL-Pfad, einer HTTP-Methode und einem Inhaltstyp. Die Parameter und der Inhalt einer passenden HTTP-Anforderung müssen dann in Objekte deserialisiert werden, mit denen Sie weiterarbeiten können.

Üblicherweise führt ein Web-Adapter dann eine Authentifizierungs- und Autorisierungsprüfung durch und gibt einen Fehler zurück, wenn diese fehlschlagen.

Dann kann der Zustand der eingehenden Objekte validiert werden. Aber haben wir nicht bereits diskutiert, dass die Eingabevalidierung eine Verantwortlichkeit des Eingabemodells der Use Cases ist? Ja, das Eingabemodell der Use Cases sollte nur Eingaben erlauben, die im Kontext der Use Cases valide sind. Hier aber geht es um das Eingabemodell für den Web-Adapter. Dieses könnte eine vollkommen andere Struktur und Semantik haben als das Eingabemodell der Use Cases, sodass Sie vermutlich andere Validierungen durchführen müssen.

Ich rate davon ab, dieselben Validierungen im Web-Adapter zu implementieren, die Sie bereits im Eingabemodell der Use Cases haben. Stattdessen sollten Sie validieren, dass Sie das Eingabemodell des Web-Adapters in das Eingabemodell der Use Cases umwandeln können. Alles, was Sie daran hindert, diese Transformation durchzuführen, ist ein Validierungsfehler.

Dies bringt Sie zur nächsten Verantwortlichkeit eines Web-Adapters: den Aufruf eines bestimmten Use Case mit dem transformierten Eingabemodell. Der Adapter nimmt dann die Ausgabe des Use Case und serialisiert zu einer HTTP-Antwort, die dann zurück an den Aufrufer geschickt wird.

Wenn auf dem Weg irgendetwas schiefgeht und eine Exception geworfen wird, muss der Web-Adapter den Fehler in eine Meldung übersetzen, die an den Aufrufer gesandt wird.

Das sind eine Menge Verantwortlichkeiten, die auf den Schultern des Web-Adapters lasten. Es sind aber auch eine Menge Verantwortlichkeiten, mit denen die Anwendungsschicht nicht belästigt werden muss. Nichts, was mit HTTP zu tun hat, sollte in die Anwendungsschicht entweichen. Wenn der Anwendungskern weiß, dass Sie sich auf der Außenseite mit HTTP befassen, haben Sie die Möglichkeit verloren, dieselbe Domänenlogik von anderen eingehenden Adaptern auszuführen, die nicht HTTP benutzen. In einer wartbaren Architektur möchten Sie sich Ihre Möglichkeiten offenhalten.

Beachten Sie, dass sich diese Grenze zwischen dem Web-Adapter und der Anwendungsschicht ganz natürlich ausbildet, wenn Sie die Entwicklung mit den Domänen- und Anwendungsschichten starten statt mit der Webschicht. Wenn Sie die Use Cases zuerst implementieren, ohne an irgendeinen speziellen eingehenden Adapter zu denken, sind Sie nicht versucht, die Grenze zu verwischen.

Controller aufteilenIn den meisten Web-Frameworks – wie etwa Spring MVC in der Java-Welt – erzeugen Sie Controller-Klassen, die die gerade diskutierten Verantwortlichkeiten übernehmen. Erstellen Sie also einen einzigen Controller, der alle Anforderungen beantwortet, die an Ihre Anwendung gerichtet werden? Das müssen Sie nicht. Ein Web-Adapter darf natürlich aus mehr als einer Klasse bestehen.

Sie müssen allerdings darauf achten, dass Sie diese Klassen in dieselbe Pakethierarchie setzen, damit klar ist, dass sie zusammengehören. Das wurde in *Kapitel 4, Code organisieren*, erklärt.

Wie viele Controller erstellen Sie also? Ich meine, es sollten eher zu viele als zu wenige sein. Sie sollten sicherstellen, dass jeder Controller ein Scheibchen des Web-Adapters implementiert, das so schmal wie möglich ist und so wenig wie möglich mit anderen Controllern teilt.

Nehmen Sie einmal die Operationen auf einem Konto-Entity in der BuckPal-Anwendung. Ein beliebtes Vorgehen besteht darin, einen einzelnen `AccountController` herzustellen, der Anforderungen für alle Operationen akzeptiert, die mit den Konten zu tun haben.

Ein Spring-Controller, der eine REST API bereitstellt, könnte so aussehen wie der folgende Codeschnipsel:

```
package buckpal.adapter.in.web;

@RestController
@RequiredArgsConstructor
class AccountController {

  private final GetAccountBalanceUseCase getAccountBalanceUseCase;
  private final ListAccountsQuery listAccountsQuery;
  private final LoadAccountQuery loadAccountQuery;

  private final SendMoneyUseCase sendMoneyUseCase;
  private final CreateAccountUseCase createAccountUseCase;

```

```
  @GetMapping("/accounts")
  List<AccountResource> listAccounts(){
    ...
  }

  @GetMapping("/accounts/{id}")
  AccountResource getAccount(@PathVariable("id") Long accountId){
    ...
  }

  @GetMapping("/accounts/{id}/balance")
  long getAccountBalance(@PathVariable("id") Long accountId){
    ...
  }

  @PostMapping("/accounts")
  AccountResource createAccount(@RequestBody AccountResource account){
    ...
  }

  @PostMapping("/accounts/send/{sourceAccountId}/{targetAccountId}/{amount}")
  void sendMoney(
      @PathVariable("sourceAccountId") Long sourceAccountId,
      @PathVariable("targetAccountId") Long targetAccountId,
      @PathVariable("amount") Long amount) {
    ...
  }
}
```

Alles, was eine Kontoressource betrifft, befindet sich in einer einzigen Klasse. Das fühlt sich gut an. Allerdings hat dieses Vorgehen auch Nachteile.

Erstens, weniger Code pro Klasse ist eine gute Sache. Ich habe mal ein Projekt geerbt, bei dem die größte Klasse 30.000 Zeilen Code umfasst hat.[1] Selbst wenn der Controller im Laufe der Jahre nur 200 Zeilen Code ansammelt, ist das schwieriger zu erfassen als 50 Zeilen – sogar dann, wenn der Code ganz ordentlich in Methoden unterteilt ist.

Dieses Argument gilt auch für Testcode. Wenn der Controller selbst eine Menge Code enthält, wird es auch viel Testcode geben. Und Testcode ist häufig viel schwerer zu durchschauen als Produktionscode, weil er oft abstrakter ist. Außerdem

1 30.000 Codezeilen: Tatsächlich war es eine bewusste Architekturentscheidung (von unseren Vorgängern), die dazu geführt hat, dass diese 30.000 Zeilen Code in einer einzigen Klasse gelandet sind: Um das System zur Laufzeit zu ändern, ohne dass ein erneutes Deployment erforderlich war, konnte man eine einzige .class-Datei mit Java-Bytecode in die Anwendung hochladen. Und diese Datei musste deshalb den kompletten Quellcode enthalten.

möchten Sie, dass die Tests für ein bestimmtes Stück Produktionscode leicht zu finden sind, was bei kleinen Klassen einfacher zu bewerkstelligen ist.

Ebenso wichtig ist, dass die Wiederverwendung von Datenstrukturen erleichtert wird, wenn alle Operationen sich in einer einzigen Controller-Klasse befinden. Im gezeigten Codebeispiel nutzen viele Operationen die gemeinsame Modellklasse `AccountResource`. Sie dient als Auffangbecken für alles, was in irgendeiner der Operationen benötigt wird. `AccountResource` hat vermutlich ein `id`-Feld. Das ist in der `create`-Operation nicht erforderlich und stiftet dort wahrscheinlich mehr Verwirrung, als dass es hilft. Stellen Sie sich vor, dass ein `Account` eine One-to-many-Beziehung mit `User`-Objekten hat. Bezieht man diese `User`-Objekte ein, wenn man ein Konto anlegt oder aktualisiert? Werden die Benutzer durch die `list`-Operation zurückgeliefert? Das ist ein einfaches Beispiel. Sobald ein Projekt jedoch das »Spielzeugstadium« verlässt, verlangen solche Fragen ernsthafte Antworten.

Ich rate also dazu, für jede Operation einen separaten Controller zu entwickeln, potenziell in einem separaten Paket. Außerdem sollten die Namen der Methoden und Klassen so nah wie möglich an den Namen der Use Cases bleiben:

```
package buckpal.adapter.in.web;

@RestController
@RequiredArgsConstructor
public class SendMoneyController {

  private final SendMoneyUseCase sendMoneyUseCase;

  @PostMapping(
    "/accounts/sendMoney/{sourceAccountId}/{targetAccountId}/{amount}"
  )
  void sendMoney(
      @PathVariable("sourceAccountId") Long sourceAccountId,
      @PathVariable("targetAccountId") Long targetAccountId,
      @PathVariable("amount") Long amount) {

    SendMoneyCommand command = new SendMoneyCommand(
        new AccountId(sourceAccountId),
        new AccountId(targetAccountId),
        Money.of(amount));

    sendMoneyUseCase.sendMoney(command);
  }
}
```

Sie können Primitiven als Eingaben nehmen, wie das in dem Beispiel bei `sourceAccountId`, `targetAccountId` und `amount` erfolgt ist. Jeder Controller kann aber auch sein eigenes Eingabemodell haben. Anstelle eines generischen Modells wie `AccountResource` könnten Sie dann ein Modell nehmen, das speziell auf den Use Case abgestimmt ist, wie `CreateAccountResource` oder `UpdateAccountResource`. Diese spezialisierten Modellklassen könnten sogar privat im Paket des Controllers sein, um ein versehentliches Weiterverwenden zu vermeiden. Natürlich können Controller weiterhin Modelle gemeinsam nutzen. Allerdings dürfte die Verwendung von Klassen aus einem anderen Paket dazu führen, dass Sie verstärkt darüber nachdenken und vermutlich feststellen, dass Sie den größten Teil der Felder gar nicht brauchen – am Ende erstellen Sie dann doch eigene Modelle.

Darüber hinaus müssen Sie genau über die Namen der Controller und Services nachdenken. Wäre nicht zum Beispiel `RegisterAccount` eine viel bessere Wahl als `CreateAccount`? In der BuckPal-Anwendung ist das Registrieren eines Kontos die einzige Möglichkeit für einen Benutzer, ein Konto anzulegen. Sie verwenden deshalb das Wort »register« im Klassennamen, um deren Bedeutung besser zu vermitteln. Es gibt sicher Fälle, in denen die üblichen Verdächtigen (`Create`..., `Update`... und `Delete`...) einen Use Case ausreichend beschreiben, aber Sie sollten zweimal nachdenken, bevor Sie diese Begriffe benutzen.

Das Zerlegen von Controllern in viele kleine Teile unterstützt darüber hinaus das parallele Arbeiten an unterschiedlichen Operationen. Konflikte beim Zusammenführen von Code bleiben Ihnen erspart.

6.3 Wie hilft Ihnen dies, wartbare Software zu entwickeln?

Wenn Sie einen Web-Adapter für eine Anwendung erstellen, sollten Sie immer bedenken, dass Sie einen Adapter entwickeln, der das HTTP-Protokoll in Methodenaufrufe in den Use Cases Ihrer Anwendung übersetzt, die Ergebnisse wieder nach HTTP überführt und selbst keine Domänenlogik ausführt.

Die Anwendungsschicht dagegen sollte nichts über HTTP wissen – Sie dürfen deshalb keine HTTP-Details in die Anwendungsschicht entwischen lassen. Der Web-Adapter kann auf diese Weise leicht durch einen anderen Adapter ersetzt werden, falls das nötig sein sollte.

Wenn Sie Webcontroller entwickeln, dürfen Sie sich nicht davor fürchten, viele kleine Klassen zu erstellen, die jeweils ein eigenes Modell nutzen. Sie sind leichter zu verstehen und zu testen und unterstützen das parallele Arbeiten. Es ist zu Anfang aufwendiger, solche feinkörnigen Controller einzurichten, die ganze Arbeit macht sich aber spätestens in der Wartung bezahlt.

Nachdem Sie sich jetzt die Eingangsseite Ihrer Anwendung angeschaut haben, werden Sie nun einen Blick auf die Ausgangsseite werfen und lernen, wie Sie einen Persistenz-Adapter erstellen.

Kapitel 7

Einen Persistenz-Adapter implementieren

In *Kapitel 2, Was ist so falsch an Schichten?*, habe ich mich über die traditionelle geschichtete Architektur beschwert und behauptet, dass sie ein *datenbankgetriebenes Design* fördert, weil am Ende alles von der Persistenzschicht abhängt. In diesem Kapitel werden Sie sich anschauen, wie Sie die Persistenzschicht zu einem Plugin in der Anwendungsschicht machen, um diese Abhängigkeit umzukehren.

7.1 Dependency Inversion

Statt über eine Persistenzschicht sprechen wir über einen Persistenz-Adapter, der den Domänenservices die Funktionalität der Persistenz zur Verfügung stellt. Abbildung 7.1 zeigt, wie man das Dependency-Inversion-Prinzip anwenden kann, um genau das zu erreichen:

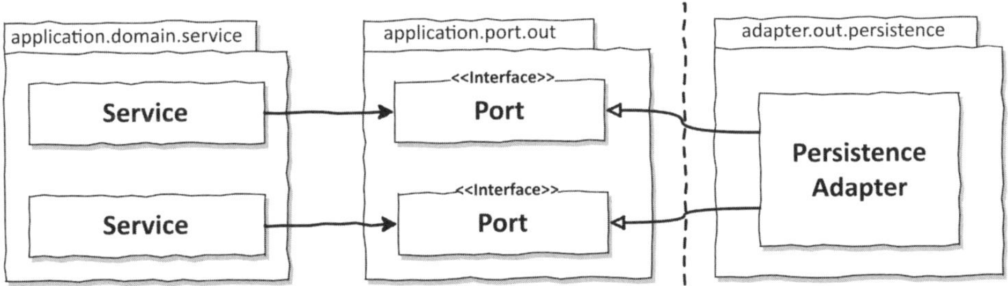

Abb. 7.1: Die Services im Kern der Anwendung verwenden Ports, um auf den Persistenz-Adapter zuzugreifen.

Die Domänenservices rufen Portschnittstellen auf, um auf die Persistenz-Funktionalität zuzugreifen. Diese Ports werden durch eine Persistenz-Adapter-Klasse implementiert, die die eigentliche Persistenzarbeit erledigt und für die Kommunikation mit der Datenbank verantwortlich ist.

In der Sprache der Hexagonalen Architektur ist der Persistenz-Adapter ein *getriebener* oder *ausgehender* Adapter, weil er von Ihrer Anwendung aufgerufen wird und nicht umgekehrt.

Die Ports bilden im Prinzip eine Schicht, die eine Art Umweg zwischen den Domänenservices und dem Persistenzcode darstellt. Denken Sie immer wieder daran, dass Sie diesen Umweg hinzufügen, um den Domänencode weiterentwickeln zu können, ohne über Persistenzprobleme nachdenken zu müssen, das heißt ohne Codeabhängigkeiten auf die Persistenzschicht. Umbauten im Persistenzcode führen nicht zu Codeänderungen im Kern.

Natürlich haben Sie zur Laufzeit immer noch eine Abhängigkeit von Ihrem Anwendungscode zum Persistenz-Adapter. Wenn Sie zum Beispiel den Code in der Persistenzschicht modifizieren und einen Bug einbauen, könnte die Funktionalität im Anwendungskern Schaden nehmen. Solange jedoch die Vereinbarungen der Ports erfüllt werden, können Sie im Persistenz-Adapter machen, was Sie wollen, ohne dass der Kern beeinflusst wird.

7.2 Verantwortlichkeiten eines Persistenz-Adapters

Schauen wir uns an, was ein Persistenz-Adapter normalerweise macht:

1. Nimmt die Eingabe entgegen
2. Mappt die Eingabe in das Datenbankformat
3. Sendet eine Anfrage an die Datenbank
4. Mappt die Datenbankausgabe zurück in das Format der Anwendung
5. Gibt die Ausgabe zurück an die Anwendung

Der Persistenz-Adapter nimmt die Eingabe durch eine Portschnittstelle entgegen. Das Eingabemodell könnte ein Domänen-Entity sein, aber auch ein Objekt, das für eine spezielle Datenbankoperation vorgesehen ist, wie durch die Schnittstelle definiert.

Das Eingabemodell wird dann auf ein Format abgebildet, mit dem es arbeiten kann, um die Datenbank zu modifizieren oder abzufragen. In Java-Projekten kommt häufig die Java Persistence API (JPA) zum Einsatz, um mit der Datenbank zu kommunizieren. Sie könnten daher die Eingabe auf JPA-Entity-Objekte abbilden, die die Struktur der Datenbanktabellen wiedergeben. Je nach Kontext ist das Mapping des Eingabemodells auf JPA-Entities viel Aufwand für relativ wenig Nutzen. Sie werden deshalb in *Kapitel 9, Mapping über Grenzen hinweg*, mehr über Strategien ohne Mapping erfahren.

Anstatt JPA oder ein anderes objektrelationales Mapping-Framework zu benutzen, könnten Sie eine andere Technik einsetzen, um mit der Datenbank zu kommunizieren. Sie könnten das Eingabemodell auf einfache SQL-Anweisungen abbilden und diese Anweisungen dann an die Datenbank senden. Oder Sie serialisieren eingehende Daten in Dateien und lesen sie von dort wieder aus.

Wichtig ist, dass das Eingabemodell für den Persistenz-Adapter innerhalb des Anwendungskerns liegt und nicht im Persistenz-Adapter selbst. Änderungen am Persistenz-Adapter wirken sich daher nicht auf den Kern aus.

Als Nächstes fragt der Persistenz-Adapter die Datenbank ab und nimmt die Ergebnisse der Abfrage entgegen.

Zum Schluss wird die Datenbankantwort in das Ausgabemodell umgesetzt, das der Port erwartet, und zurückgegeben. Auch hier ist es wichtig, dass das Ausgabemodell im Anwendungskern liegt und nicht im Persistenz-Adapter, damit die Abhängigkeiten in die richtige Richtung weisen.

Abgesehen davon, dass die Eingabe- und Ausgabemodelle im Anwendungskern liegen statt im Persistenz-Adapter selbst, unterscheiden sich die Verantwortlichkeiten nicht besonders von denen einer traditionellen Persistenzschicht.

Allerdings wirft das Implementieren eines Persistenz-Adapters, so wie es hier beschrieben ist, einige Fragen auf, die Sie vermutlich nicht stellen würden, wenn Sie eine traditionelle Persistenzschicht implementieren.

7.3 Portschnittstellen aufteilen

Eine Frage, die sich stellt, wenn man Services implementiert, ist, wie man die Portschnittstellen zerlegt, die die Datenbankoperationen definieren, die dem Anwendungskern zur Verfügung stehen.

Es ist eine übliche Praxis, eine einzige Repository-Schnittstelle anzulegen, die alle Datenbankoperationen für ein bestimmtes Entity anbietet. Abbildung 7.2 verdeutlicht dies.

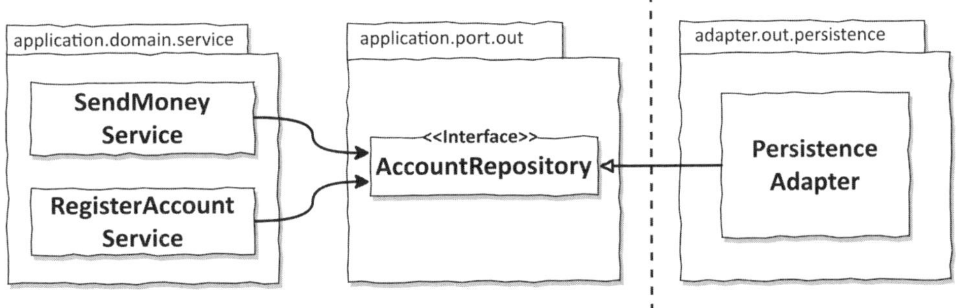

Abb. 7.2: Das Zentralisieren aller Datenbankoperationen in einer einzigen ausgehenden Portschnittstelle sorgt dafür, dass alle Services von Methoden abhängen, die sie nicht brauchen.

Jeder Service, der sich auf die Datenbankoperationen verlässt, hat dann eine Abhängigkeit zu dieser einzelnen »breiten« Portschnittstelle, selbst wenn er nur eine einzige Methode aus der Schnittstelle verwendet. Das bedeutet, dass Sie unnötige Abhängigkeiten in Ihre Codebasis einführen.

Abhängigkeiten zu Methoden, die Sie in Ihrem Kontext nicht brauchen, erschweren das Verständnis und das Testen des Codes. Stellen Sie sich vor, Sie würden einen Unit-Test für `RegisterAccountService` aus der gerade gezeigten Abbildung schreiben. Für welche der Methoden der `AccountRepository`-Schnittstelle müssten Sie einen Mock schreiben? Sie müssten zuerst ermitteln, welche der `AccountRepository`-Methoden der Service tatsächlich aufruft. Nur einen Teil der Schnittstelle zu mocken, könnte zu weiteren Problemen führen: Die nächste Person, die mit dem Test arbeitet, erwartet möglicherweise, dass die Schnittstelle komplett gemockt ist, und trifft auf Fehler. Sie muss also auch wieder Recherchen anstellen.

Um es mit den Worten von Robert C. Martin auszudrücken:

»Depending on something that carries baggage that you don't need can cause you troubles that you didn't expect.«[1]

Zu Deutsch etwa:

»Von etwas abhängig zu sein, das Ballast herumträgt, den Sie nicht brauchen, kann Ihnen Probleme verursachen, die Sie nicht erwartet haben.«

Eine Antwort auf dieses Problem bietet das **Interface-Segregation-Prinzip**. Es besagt, dass breite Schnittstellen in spezielle Schnittstellen zerlegt werden sollten, damit die Clients nur die Methoden zu Gesicht bekommen, die sie brauchen. Wenn Sie dies auf Ihre ausgehenden Ports anwenden, erhalten Sie das Ergebnis, das in Abbildung 7.3 dargestellt ist.

Jeder Service hängt nun nur noch von den Methoden ab, die er tatsächlich benötigt. Mehr noch, die Namen der Ports sagen ganz klar aus, worum es bei ihnen geht. In einem Test müssen Sie nun nicht mehr darüber nachdenken, welche Methoden Sie mocken müssen, da es meist nur noch eine Methode pro Port gibt.

Sehr schmale Ports wie diese zu haben, macht das Programmieren zu einem Plug-and-Play-Erlebnis. Wenn Sie an einem Service arbeiten, »stöpseln« Sie einfach nur die Ports ein, die Sie brauchen. Es gibt keinen Ballast mehr.

Natürlich ist der »eine Methode pro Port«-Ansatz vermutlich nicht in allen Fällen anwendbar. Es könnte Gruppen von Datenbankoperationen geben, die so eng zusammenhängen und so häufig zusammen benutzt werden, dass Sie diese in einer einzigen Schnittstelle bündeln möchten.

1 Interface-Segregation-Prinzip: *Clean Architecture* von Robert C. Martin, S. 86.

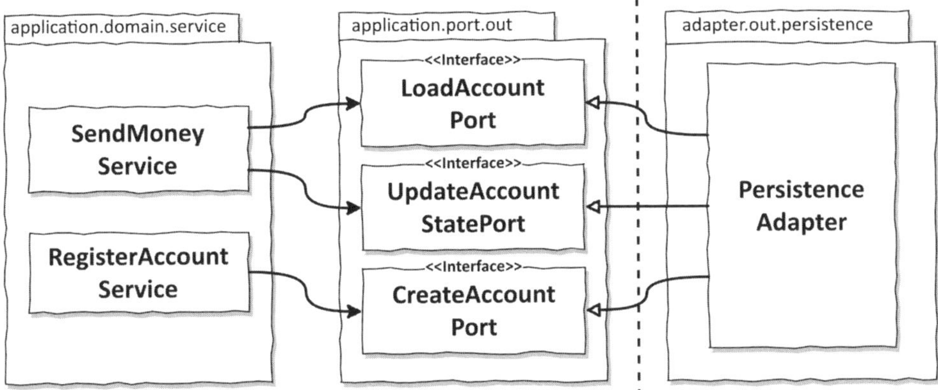

Abb. 7.3: Das Anwenden des Interface-Segregation-Prinzips entfernt unnötige Abhängigkeiten und erhöht die Sichtbarkeit der vorhandenen Abhängigkeiten.

7.4 Persistenz-Adapter aufteilen

In den bisherigen Abbildungen gab es immer eine einzige Persistenz-Adapter-Klasse, die alle Persistenzports implementiert. Es gibt allerdings keine Regel, die es Ihnen verbietet, mehr als einen Persistenz-Adapter zu erzeugen, solange alle Persistenzports implementiert sind.

Man könnte zum Beispiel entscheiden, einen Persistenz-Adapter pro Gruppe Domänen-Entities herzustellen, für die Persistenzoperationen (oder pro »Aggregate« in der Sprache des Domain-Driven Design) erforderlich sind, wie Abbildung 7.4 zeigt.

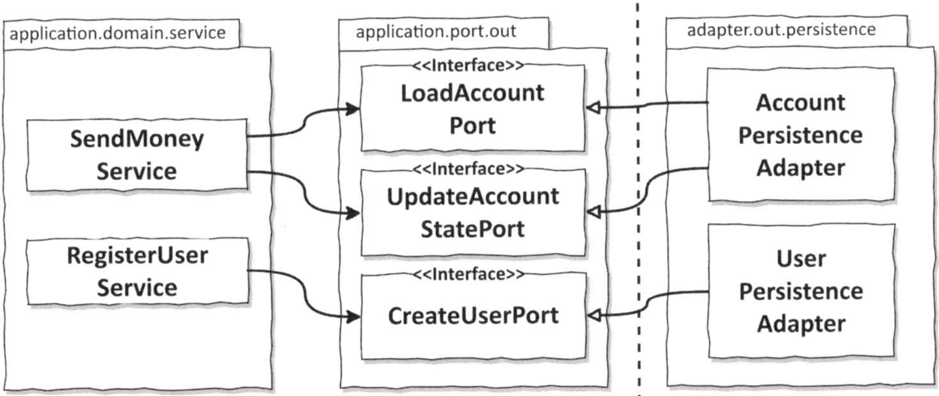

Abb. 7.4: Man kann mehrere Persistenz-Adapter erzeugen, nämlich einen für jedes Aggregate.

Auf diese Weise werden die Persistenz-Adapter automatisch entlang der »Nähte« der Domäne zerlegt, die Sie mit Persistenzfunktionalität unterstützen.

Man könnte die Persistenz-Adapter sogar in noch mehr Klassen aufteilen – zum Beispiel falls Sie ein paar Persistenzports mittels JPA (oder einem anderen objektrelationalen Mapper) implementieren wollen und einige andere Ports aus Gründen der Leistungsfähigkeit mit einfachem SQL. Sie könnten dann einen JPA-Adapter und einen einfachen SQL-Adapter erstellen, die jeweils eine Teilmenge der Persistenzports implementieren.

Merken Sie sich, dass Ihr Domänencode sich nicht darum kümmert, welche Klasse am Ende die Vereinbarungen erfüllt, die von den Persistenzports definiert wurden. Es steht Ihnen frei, in der Persistenzschicht vorzugehen, wie Sie wollen, solange alle Ports implementiert werden.

Der *ein Persistenz-Adapter pro Aggregate*-Ansatz ist auch eine gute Grundlage, um die Persistenzanforderungen für mehrere Bounded Contexts in der Zukunft zu separieren. Nehmen Sie einmal an, Sie identifizieren nach einer gewissen Zeit einen Bounded Context, der für Use Cases rund um die Rechnungsstellung verantwortlich ist. Abbildung 7.5 fügt diese neue Domäne in die Anwendung ein.

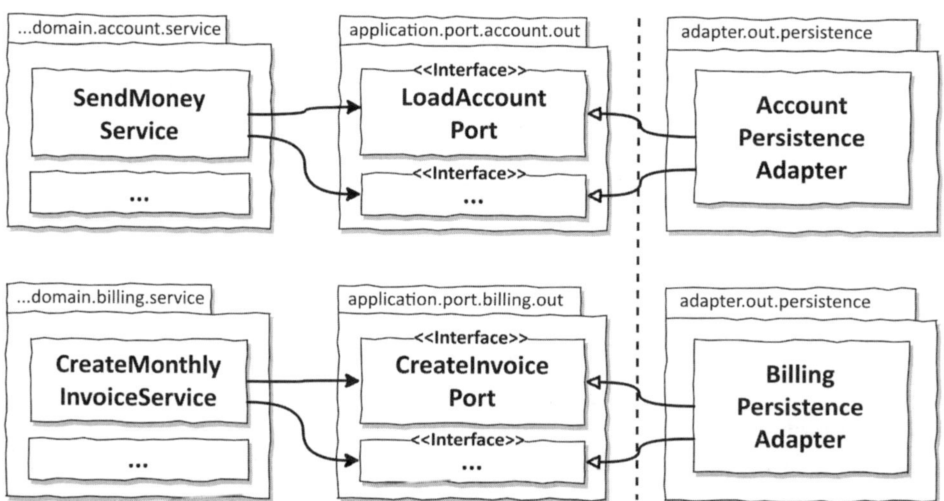

Abb. 7.5: Wenn Sie harte Grenzen zwischen Bounded Contexts erzeugen wollen, sollte jeder Bounded Context seine(n) eigenen Persistenz-Adapter haben.

Jeder **Bounded Context** hat seinen eigenen Persistenz-Adapter (oder potenziell mehr als einen, wie bereits beschrieben wurde). Der Begriff »Bounded Context« impliziert Grenzen, was bedeutet, dass Services des `account`-Kontexts nicht auf Persistenz-Adapter des `billing`-Kontexts zugreifen dürfen und umgekehrt. Wenn ein Kontext etwas von einem anderen braucht, kann er den entsprechenden Domänenservice aufrufen. Oder man führt einen Anwendungsservice als Koordinator zwischen den beschränkten Kontexten ein. Mehr zu diesem Thema erfahren Sie in *Kapitel 13, Mehrere Bounded Contexts verwalten*.

7.5 Ein Beispiel mit Spring Data JPA

Schauen wir uns ein Codebeispiel an, das `AccountPersistenceAdapter` aus den vorangegangenen Abbildungen implementiert. Dieser Adapter soll Konten in der Datenbank speichern und aus ihr laden. Sie haben das `Account`-Entity bereits in *Kapitel 5, Einen Use Case implementieren*, gesehen. Hier ist zur Erinnerung noch einmal ihr Gerüst:

```
package buckpal.application.domain.model;

public class Account {

  private AccountId id;
  private Money baselineBalance;
  private ActivityWindow activityWindow;

  // constructors and getters omitted

  public static Account withoutId(
          Money baselineBalance,
          ActivityWindow activityWindow) {
    return new Account(null, baselineBalance, activityWindow);
  }

  public static Account withId(
          AccountId accountId,
          Money baselineBalance,
          ActivityWindow activityWindow) {
    return new Account(accountId, baselineBalance, activityWindow);
  }

  public Money calculateBalance() {
    // ...
  }

  public boolean withdraw(Money money, AccountId targetAccountId) {
    // ...
  }

  public boolean deposit(Money money, AccountId sourceAccountId) {
    // ...
  }
}
```

Unveränderlichkeit (Immutability)

Die `Account`-Klasse ist keine simple Datenklasse mit Gettern und Settern, sondern versucht, so unveränderlich (immutable) wie möglich zu sein. Sie stellt nur Factory-Methoden zur Verfügung, die ein Konto in einem gültigen Zustand erzeugen. Alle mutierenden Methoden führen eine gewisse Validierung durch, etwa das Prüfen des Kontostands, bevor Geld entnommen wird, sodass Sie kein ungültiges Domänenmodell erzeugen können.

Sie benutzen für die Kommunikation mit der Datenbank Spring Data JPA, brauchen also auch `@Entity`-annotierte Klassen, um den Datenbankzustand eines Kontos darzustellen:

```
package buckpal.adapter.out.persistence;

@Entity
@Table(name = "account")
@Data
@AllArgsConstructor
@NoArgsConstructor
class AccountJpaEntity {

  @Id
  @GeneratedValue
  private Long id;

}
```

```
package buckpal.adapter.out.persistence;

@Entity
@Table(name = "activity")
@Data
@AllArgsConstructor
@NoArgsConstructor
class ActivityJpaEntity {

  @Id
  @GeneratedValue
  private Long id;

  @Column private LocalDateTime timestamp;
  @Column private long ownerAccountId;
  @Column private long sourceAccountId;
  @Column private long targetAccountId;
  @Column private long amount;

}
```

Der Zustand eines Kontos besteht in diesem Stadium nur aus einer ID. Später können weitere Felder hinzugefügt werden, wie etwa eine Benutzer-ID. Interessanter ist `ActivityJpaEntity`, das alle Aktivitäten eines bestimmten Kontos enthält. Man hätte `ActivityJpaEntity` über `@ManyToOne`- oder `@OneToMany`-Annotationen mit `AccountJpaEntity` verbinden können, um die Beziehung zwischen ihnen zu kennzeichnen, aber das soll hier erst einmal unterbleiben, da es Nebenwirkungen für die Datenbankabfragen hat. Tatsächlich wäre es in diesem Stadium wahrscheinlich leichter, einen einfacheren objektrelationalen Mapper als JPA zu benutzen, um den Persistenz-Adapter zu implementieren, aber Sie werden ihn trotzdem verwenden, weil er vielleicht künftig nötig sein könnte.[2]

Anschließend verwenden Sie Spring Data, um Repository-Schnittstellen zu erzeugen, die eine grundlegende vorgefertigte **Create**-, **Read**-, **Update**- und **Delete**-(CRUD-) Funktionalität sowie eigene Abfragen zum Laden bestimmter Aktivitäten aus der Datenbank zur Verfügung stellt:

```
interface AccountRepository extends JpaRepository<AccountJpaEntity, Long> {
}
```

Spring Boot sucht automatisch diese Repositories und Spring Data zaubert dann ein bisschen, um eine Implementierung hinter der Repository-Schnittstelle bereitzustellen, die tatsächlich mit der Datenbank redet.

Wenn dann JPA-Entities und -Repositories an Ort und Stelle sind, können Sie den Persistenz-Adapter implementieren, der die Persistenzfunktionalität für Ihre Anwendung liefert:

```
interface ActivityRepository extends
        JpaRepository<ActivityJpaEntity, Long> {

    @Query("""
            select a from ActivityJpaEntity a
            where a.ownerAccountId = :ownerAccountId
            and a.timestamp >= :since
            """)
    List<ActivityJpaEntity> findByOwnerSince(
            @Param("ownerAccountId") long ownerAccountId,
            @Param("since") LocalDateTime since);
```

2 Java Persistence API: Kommt Ihnen das bekannt vor? Sie wählen JPA als OR-Mapper, weil es die Technologie ist, die Leute für dieses Problem benutzen. Wenn die Entwicklung dann einige Monate vorangeschritten ist, verfluchen Sie Eager und Lazy Loading und die Caching-Features und wünschen sich etwas Einfacheres. JPA ist ein großartiges Werkzeug, aber für viele Probleme könnten einfachere Lösungen, tja, einfacher sein. Schauen Sie sich als Alternative Spring Data JDBC oder jOOQ an.

```

    @Query("""
            select sum(a.amount) from ActivityJpaEntity a
            where a.targetAccountId = :accountId
            and a.ownerAccountId = :accountId
            and a.timestamp < :until
            """)
    Optional<Long> getDepositBalanceUntil(
            @Param("accountId") long accountId,
            @Param("until") LocalDateTime until);

    @Query("""
            select sum(a.amount) from ActivityJpaEntity a
            where a.sourceAccountId = :accountId
            and a.ownerAccountId = :accountId
            and a.timestamp < :until
            """)
    Optional<Long> getWithdrawalBalanceUntil(
            @Param("accountId") long accountId,
            @Param("until") LocalDateTime until);

}
```

```
@RequiredArgsConstructor
@Component
class AccountPersistenceAdapter implements
    LoadAccountPort,
    UpdateAccountStatePort {

  private final AccountRepository accountRepository;
  private final ActivityRepository activityRepository;
  private final AccountMapper accountMapper;

  @Override
  public Account loadAccount(
          AccountId accountId,
          LocalDateTime baselineDate) {

    AccountJpaEntity account =
        accountRepository.findById(accountId.getValue())
            .orElseThrow(EntityNotFoundException::new);

    List<ActivityJpaEntity> activities =
        activityRepository.findByOwnerSince(
            accountId.getValue(),
            baselineDate);

```

```
      Long withdrawalBalance = activityRepository
          .getWithdrawalBalanceUntil(
                  accountId.getValue(),
                  baselineDate)
          .orElse(0L);

      Long depositBalance = activityRepository
          .getDepositBalanceUntil(
                  accountId.getValue(),
                  baselineDate)
          .orElse(0L);

    return accountMapper.mapToDomainEntity(
        account,
        activities,
        withdrawalBalance,
        depositBalance);

  }

  @Override
  public void updateActivities(Account account) {
    for (Activity activity : account.getActivityWindow().getActivities()) {
      if (activity.getId() == null) {
        activityRepository.save(accountMapper.mapToJpaEntity(activity));
      }
    }
  }

  private Long orZero(Long value){
    return value == null ? 0L : value;
  }
}
```

Der Persistenz-Adapter implementiert zwei Ports, die von der Anwendung gebraucht werden: `LoadAccountPort` und `UpdateAccountStatePort`.

Um ein Konto aus der Datenbank zu laden, laden Sie es aus `AccountRepository` und laden dann die Aktivitäten dieses Kontos innerhalb eines bestimmten Zeitfensters über `ActivityRepository`.

Um ein gültiges `Account`-Domänen-Entity zu erzeugen, brauchen Sie auch noch den Kontostand, den das Konto vor dem Beginn des Zeitfensters hatte, damit Sie die Summe aller Entnahmen und Einzahlungen dieses Kontos aus der Datenbank erhalten.

Schließlich bilden Sie all diese Daten auf ein `Account`-Domänen-Entity ab und geben dieses an den Aufrufer zurück.

Zum Aktualisieren des Zustands eines Kontos iterieren Sie über alle Aktivitäten des `Account`-Entitys und prüfen, ob diese IDs haben. Ist das nicht der Fall, handelt es sich um neue Aktivitäten, die Sie dann durch `ActivityRepository` dauerhaft in der Datenbank ablegen.

In dem zuvor beschriebenen Szenario gibt es ein Zweiwege-Mapping zwischen den `Account`- und `Activity`-Domänenmodellen und den `AccountJpaEntity`- und `ActivityJpaEntity`-Datenbankmodellen. Wieso sollten Sie sich den Aufwand machen, hin und her zu mappen? Könnten Sie nicht einfach die JPA-Annotationen für die `Account`- und `Activity`-Klassen verschieben und sie direkt als Entities in der Datenbank speichern?

Solch eine No-Mapping-Strategie könnte eine sinnvolle Wahl sein, wie Sie in *Kapitel 9, Mapping über Grenzen hinweg*, erfahren werden, wenn es um Mapping-Strategien geht. Allerdings zwingt JPA uns dann, Kompromisse im Domänenmodell zu machen. So fordert JPA zum Beispiel, dass Entities einen argumentfreien Konstruktor haben. Alternativ könnte es sein, dass in der Persistenzschicht eine »many-to-one«-Beziehung aus Sicht der Performance sinnvoll ist, Sie aber im Domänenmodell wollen, dass die Beziehung andersherum verläuft.

Falls Sie also ein reiches Domänenmodell entwickeln wollen, ohne Kompromisse in der Persistenzschicht einzugehen, müssen Sie ein Mapping zwischen dem Domänenmodell und dem Persistenzmodell vornehmen.

7.6 Was ist mit Datenbanktransaktionen?

Das Thema der Datenbanktransaktionen wurde noch gar nicht berührt. Wo setzen Sie Ihre Transaktionsgrenzen?

Eine Transaktion sollte alle Schreiboperationen in der Datenbank umfassen, die innerhalb eines bestimmten Use Case ausgeführt werden. Damit wird sichergestellt, dass diese Operationen gemeinsam zurückgerollt werden könnten, falls eine von ihnen fehlschlägt.

Da der Persistenz-Adapter nicht weiß, welche anderen Datenbankoperationen Teil desselben Use Case sind, kann er nicht entscheiden, wann eine Transaktion zu öffnen und zu schließen ist. Sie müssen diese Verantwortlichkeit an die Services delegieren, die die Aufrufe an den Persistenz-Adapter erledigen.

Der einfachste Weg mit Java und Spring besteht darin, die Annotation `@Transactional` zu den Serviceklassen hinzuzufügen, sodass Spring alle öffentlichen Methoden mit einer Transaktion zusammenfasst:

```
package buckpal.application.domain.service;

@Transactional
public class SendMoneyService implements SendMoneyUseCase {
  ...
}
```

Doch wird durch die `@Transactional`-Annotation nicht eine Abhängigkeit zu einem Framework eingeführt, die Sie in Ihrem wertvollen Domänencode nicht haben wollen? Nun ja, tatsächlich, Sie haben eine Abhängigkeit zu der Annotation, aber Sie erhalten auch eine Transaktionsverarbeitung für diese Abhängigkeit! Sie wollen auf keinen Fall Ihren eigenen Transaktionsmechanismus entwickeln, nur damit der Code »sauber« bleibt.

7.7 Wie hilft Ihnen dies, wartbare Software zu entwickeln?

Das Erstellen eines Persistenz-Adapters, der als Plugin in den Domänencode agiert, befreit den Domänencode von Persistenzdetails, sodass Sie ein reiches Domänenmodell erstellen können.

Durch die Verwendung schmaler Portschnittstellen sind Sie flexibel genug, um einen Port auf eine Weise und einen anderen Port auf eine andere Weise zu implementieren, vielleicht sogar mit einer anderen Persistenztechnologie, ohne dass die Anwendung das bemerkt. Sie könnten sogar die komplette Persistenzschicht austauschen, solange die Portvereinbarungen eingehalten werden.[3]

Nachdem Sie nun ein Domänenmodell und einige Adapter erstellt haben, werden Sie sich anschauen, wie Sie testen können, dass diese wirklich das machen, was von ihnen erwartet wird.

3 Austauschen der Persistenzschicht: Ich habe das zwar schon ein paar Mal gesehen (und es gab gute Gründe dafür), dennoch ist die Wahrscheinlichkeit dafür, dass die ganze Persistenzschicht ausgetauscht werden muss, ziemlich gering. Selbst dann lohnt es sich, dedizierte Persistenzports zu haben, weil das die Testbarkeit statt Testfähigkeit verbessert. Man kann zum Beispiel leicht einen In-Memory-Persistenz-Adapter für die Benutzung in Tests entwickeln.

Kapitel 8

Architekturelemente testen

In vielen Projekten, die ich erlebt habe (speziell in solchen, die schon eine Weile andauern und im Laufe der Zeit viele Entwickler haben kommen und gehen sehen), ist das automatisierte Testen ein Mysterium. Entwickler schreiben Tests, wie es ihnen beliebt, weil irgendeine verstaubte Regel, die in einem Wiki dokumentiert ist, das verlangt, aber niemand kann gezielte Fragen hinsichtlich der Teststrategie des Teams beantworten.

Dieses Kapitel stellt Ihnen eine Teststrategie für eine Hexagonale Architektur vor. Für alle Elemente Ihrer Architektur werden Sie den passenden Testtyp kennenlernen.

8.1 Die Testpyramide

Lassen Sie uns die Diskussion über das Testen anhand der **Testpyramide**[1] beginnen, die Sie in Abbildung 8.1 sehen. Dabei handelt es sich um eine Metapher, die Ihnen hilft zu entscheiden, nach wie vielen Tests jedes Typs Sie streben sollten.

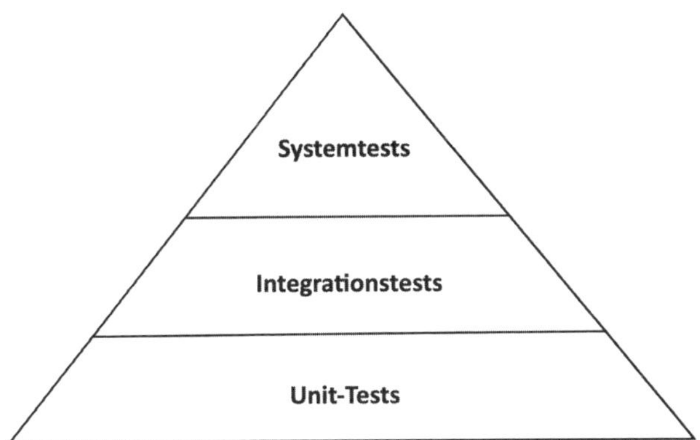

Abb. 8.1: Laut der Testpyramide sollten Sie viele günstige Tests und nur einige teure Tests erstellen.

Die grundlegende Aussage der Pyramide ist, dass Sie eine große Menge feinkörniger Tests haben sollten, die preiswert herzustellen, leicht zu warten, schnell auszu-

1 Die Testpyramide lässt sich auf Mike Cohns Buch *Succeeding with Agile* aus dem Jahre 2009 zurückführen.

führen und stabil sind. Dies sind Unit-Tests, die verifizieren, dass eine einzelne Einheit (Unit) – üblicherweise eine Klasse – erwartungsgemäß funktioniert.

Sobald Tests mehrere Units kombinieren und Unit-Grenzen, architektonische Grenzen oder sogar Systemgrenzen überschreiten, werden sie teurer in der Herstellung, laufen langsamer und sind empfindlicher (das heißt, sie scheitern eher wegen eines Konfigurationsfehlers als wegen eines funktionalen Fehlers). Die Pyramide sagt uns, dass Sie umso weniger nach einer hohen Abdeckung durch die Tests streben sollte, je teuer diese Tests werden, da es sonst nämlich passieren kann, dass Sie mehr Zeit mit dem Erstellen von Tests verbringen als mit dem Erstellen neuer Funktionalität.

Je nach Kontext wird die Testpyramide oft mit unterschiedlichen Schichten gezeigt. Schauen wir uns mal die Schichten an, die ich für die Diskussion des Testens der Hexagonalen Architektur gewählt habe.

Definition verschiedener Testarten

Die Definitionen von Unit-Test, Integrationstest und Systemtest ändern sich je nach Kontext. In einem Projekt können sie etwas ganz anderes bedeuten als in einem anderen. Nehmen Sie die Definitionen hier deshalb nicht als die einzig wahre, sondern diskutieren Sie mit dem Projektteam, welche Tests Sie wie definieren.

Das Folgende sind Interpretationen der verschiedenen Testtypen, die wir in diesem Kapitel benutzen werden:

- **Unit-Tests** bilden die Basis der Pyramide. Ein Unit-Test instanziiert normalerweise eine einzige Klasse und testet ihre Funktionalität durch ihre Schnittstelle. Falls die getestete Klasse nichttriviale Abhängigkeiten von anderen Klassen hat, kann man diese Abhängigkeiten durch Mock-Objekte ersetzen, die das Verhalten der realen Objekte simulieren.
- **Integrationstests** bilden die nächste Schicht der Pyramide. Diese Tests instanziieren ein Netzwerk aus mehreren Units und verifizieren, ob dieses Netzwerk erwartungsgemäß arbeitet. Dazu werden einige Daten durch die Schnittstelle einer Eintrittsklasse in das Netzwerk geschickt. In unserer Interpretation überschreiten Integrationstests die Grenze zwischen zwei Schichten. Das Netzwerk aus Objekten ist daher nicht komplett oder muss an irgendeiner Stelle gegen Mocks arbeiten.
- **Systemtests** schließlich nehmen sich das ganze Netzwerk aus Objekten vor, aus dem Ihre Anwendung besteht, und verifizieren, ob ein bestimmter Use Case erwartungsgemäß durch alle Schichten der Anwendung funktioniert.

Über den Systemtests könnte es noch eine Schicht aus Ende-zu-Ende-Tests geben, die die Benutzerschnittstelle (UI) der Anwendung einbeziehen. Ich werde Ende-zu-Ende-Tests hier nicht berücksichtigen, da es in diesem Buch nur um die Diskussion der Backend-Architektur geht.

Die Testpyramide ist kein Wundermittel

Die Testpyramide ist wie jedes andere Hilfsmittel nicht das Wundermittel für Ihre Teststrategie. Sie ist eine gute Vorgabe, doch falls Sie in Ihrem Kontext kosteneffizient Integrations- oder Systemtests erstellen und pflegen können, dann können und sollten Sie mehr von diesen Tests erzeugen, da sie weniger anfällig für Änderungen an den Details der Implementierung sind als Unit-Tests. Die Seiten der Pyramide würden in diesem Fall steiler oder vielleicht sogar umgekehrt werden.

Nachdem nun einige Testtypen definiert wurden, werden Sie jetzt sehen, welcher Typ von Test am besten zu den einzelnen Schichten Ihrer Hexagonalen Architektur passt.

8.2 Testen eines Domänen-Entitys mit Unit-Tests

Betrachten Sie als Erstes ein Domänen-Entity im Zentrum Ihrer Architektur. Rufen Sie sich das `Account`-Entity aus *Kapitel 5, Einen Use Case implementieren*, ins Gedächtnis zurück. Der Zustand eines `Account` besteht aus dem Kontostand, den das Konto zu einem bestimmten Zeitpunkt in der Vergangenheit hatte (Baseline-Balance), sowie einer Liste von Einzahlungen und Entnahmen (Activities), die seitdem erfolgt sind. Sie wollen nun verifizieren, dass die Methode `withdraw()` erwartungsgemäß funktioniert:

```
class AccountTest {

  @Test
  void withdrawalSucceeds() {
    AccountId accountId = new AccountId(1L);
    Account account = defaultAccount()
        .withAccountId(accountId)
        .withBaselineBalance(Money.of(555L))
        .withActivityWindow(new ActivityWindow(
            defaultActivity()
                .withTargetAccount(accountId)
                .withMoney(Money.of(999L)).build(),
            defaultActivity()
                .withTargetAccount(accountId)
                .withMoney(Money.of(1L)).build()))
        .build();

    AccountId randomTargetAccount = new AccountId(99L);
    boolean success = account.withdraw(Money.of(555L), randomTargetAccount);

    assertThat(success).isTrue();
    assertThat(account
```

```
                .getActivityWindow()
                .getActivities())
                .hasSize(3);
        assertThat(account.calculateBalance())
                .isEqualTo(Money.of(1000L));
    }
}
```

Dies ist ein einfacher Unit-Test, der einen `Account` in einem bestimmten Zustand instanziiert, seine `withdraw()`-Methode aufruft und verifiziert, dass die Entnahme erfolgreich war und die erwarteten Nebenwirkungen auf den Zustand des getesteten `Account`-Objekts hatte. Das Einrichten dieses Tests ist ziemlich einfach, er ist leicht zu verstehen und wird sehr schnell ausgeführt. Viel einfacher geht es kaum. Unit-Tests wie dieser sind Ihre beste Möglichkeit, um die Business-Regeln zu verifizieren, die in Ihren Domänen-Entities codiert sind. Sie brauchen keinen anderen Typ von Test, da das Verhalten von Domänen-Entities kaum bzw. keine Abhängigkeiten zu anderen Klassen hat.

8.3 Testen eines Use Case mit Unit-Tests

Wenn Sie in der Hexagonalen Architektur eine Schicht weiter nach außen gehen, sind die nächsten Architekturelemente, die getestet werden müssen, die Use Cases, die als Domänenservices implementiert sind. Schauen Sie sich diesen Test für `SendMoneyService` aus *Kapitel 5, Einen Use Case implementieren*, an. Der *Geld senden*-Use-Case entnimmt dem Quellkonto Geld und legt es im Zielkonto ab. Sie wollen verifizieren, dass alles erwartungsgemäß funktioniert, wenn die Transaktion erfolgreich ist:

```
class SendMoneyServiceTest {

  // declaration of fields omitted

  @Test
  void transactionSucceeds() {

    // given
    Account sourceAccount = givenSourceAccount();
    Account targetAccount = givenTargetAccount();

    givenWithdrawalWillSucceed(sourceAccount);
    givenDepositWillSucceed(targetAccount);

    Money money = Money.of(500L);

    SendMoneyCommand command = new SendMoneyCommand(
```

```
          sourceAccount.getId(),
          targetAccount.getId(),
          money);

    // when
    boolean success = sendMoneyService.sendMoney(command);

    // then
    assertThat(success).isTrue();

    AccountId sourceAccountId = sourceAccount.getId();
    AccountId targetAccountId = targetAccount.getId();

    then(sourceAccount).should().withdraw(eq(money), eq(targetAccountId));
    then(targetAccount).should().deposit(eq(money), eq(sourceAccountId));
    thenAccountsHaveBeenUpdated(sourceAccountId, targetAccountId);
  }

  // helper methods omitted
}
```

Zur besseren Lesbarkeit ist der Test in `given`/`when`/`then`-Abschnitte strukturiert, die im **Behavior-Driven Development** (verhaltensgetriebene Entwicklung) üblich sind.

Im `given`-Abschnitt erzeugen Sie die Quell- und Ziel-`Account`-Objekte und bringen sie mit Methoden, deren Namen mit `given...()` beginnen, in einen initialen Zustand. Sie erzeugen außerdem ein `SendMoneyCommand`-Objekt, das als Eingabe für den Use Case dient. Im `when`-Abschnitt rufen Sie einfach die `sendMoney()`-Methode auf, um den Use Case auszulösen. Der `then`-Abschnitt stellt fest, dass die Transaktion erfolgreich war und verifiziert, dass bestimmte Methoden auf den Quell- und Ziel-`Account`-Objekten aufgerufen wurden.

Hinter den Kulissen nutzt der Test die Mockito-Bibliothek, um **Mock-Objekte** in den `given...()`-Methoden zu erzeugen.[2] Mockito stellt außerdem die `then()`-Methode zur Verfügung, mit der sich verifizieren lässt, ob eine bestimmte Methode auf einem Mock-Objekt aufgerufen wurde.

Vorsicht beim Mocking!

Ein übertriebenes Mocking kann ein falsches Gefühl von Sicherheit suggerieren. Mocks verhalten sich manchmal anders als die Dinge, die sie simulieren, was in der Produktion zu Problemen führt, auch wenn die Tests in Ordnung waren.

2 Mockito: `https://site.mockito.org/`.

Falls Sie ohne allzu viel Aufwand reale Objekte anstelle von Mocks einsetzen können, dann sollten Sie das wahrscheinlich tun. So könnten Sie sich im gezeigten Beispiel dafür entscheiden, mit realen Account-Objekten zu arbeiten statt mit Mocks. Der Zusatzaufwand dafür sollte überschaubar sein, da die Account-Klasse eine Domänenmodellklasse ist, die keine komplizierten Abhängigkeiten von anderen Klassen hat.

Da der getestete Use-Case-Service zustandslos ist, können Sie im `then`-Abschnitt nicht einen bestimmten Zustand verifizieren. Stattdessen verifiziert der Test, dass der Service mit bestimmten Methoden in seinen (gemockten) Abhängigkeiten interagiert hat. Das bedeutet, dass der Test anfällig für Änderungen in der Struktur des zu testenden Codes ist und nicht nur in dessen Verhalten. Das wiederum bedeutet, dass die Wahrscheinlichkeit höher ist, dass der Test modifiziert werden muss, wenn für den zu testenden Code ein Refactoring durchgeführt wird.

Entsprechend müssen Sie ganz genau darüber nachdenken, welche Interaktionen Sie tatsächlich in dem Test verifizieren wollen. Vermutlich ist es eine gute Idee, nicht wie im vorangegangenen Test alle Interaktionen zu verifizieren, sondern sich auf die wichtigsten zu konzentrieren. Ansonsten müssten Sie den Test mit jeder einzelnen Änderung an der zu testenden Klasse verändern, was seinen Wert untergräbt.

Dieser Test ist zwar prinzipiell noch ein Unit-Test, grenzt aber schon an einen Integrationstest, weil Sie die Interaktion mit Abhängigkeiten testen. Er ist jedoch einfacher herzustellen und zu pflegen als ein ausgewachsener Integrationstest, weil Sie mit Mocks arbeiten und keine echten Abhängigkeiten verwalten müssen.

8.4 Testen eines Web-Adapters mit Integrationstests

Wenn Sie nun noch eine Schicht weiter nach außen gehen, gelangen Sie zu den Adaptern. Diskutieren wir das Testen eines Web-Adapters.

Rufen Sie sich ins Gedächtnis zurück, dass ein Web-Adapter Eingaben zum Beispiel in Form von JSON-Strings über HTTP entgegennimmt, möglicherweise eine Validierung darauf ausführt, die Eingabe auf das vom Use Case erwartete Format abbildet und sie dann an diesen Use Case übergibt. Dann bildet sie das Ergebnis dieses Use Case wieder zurück auf JSON ab und liefert das Ganze dann über eine HTTP-Antwort an den Client zurück.

In dem Test für einen Web-Adapter möchten Sie sicherstellen, dass all diese Schritte erwartungsgemäß funktionieren:

```
@WebMvcTest(controllers = SendMoneyController.class)
class SendMoneyControllerTest {

  @Autowired
  private MockMvc mockMvc;

  @MockBean
  private SendMoneyUseCase sendMoneyUseCase;

  private static final String ENDPOINT
    = "/accounts/sendMoney/{sourceAccountId}/{targetAccountId}/{amount}";

  @Test
  void testSendMoney() throws Exception {

    mockMvc.perform(
        post(ENDPOINT, 41L, 42L, 500)
          .header("Content-Type", "application/json"))
          .andExpect(status().isOk());

    then(sendMoneyUseCase).should()
        .sendMoney(eq(new SendMoneyCommand(
            new AccountId(41L),
            new AccountId(42L),
            Money.of(500L))));
  }
}
```

Der gezeigte Test ist ein Standard-Integrationstest für einen Webcontroller namens `SendMoneyController`, der mit dem Spring-Boot-Framework erstellt wurde. In der `testSendMoney()`-Methode senden Sie eine Mock-HTTP-Anforderung an den Webcontroller, um eine Transaktion zwischen zwei Konten auszulösen.

Mit der Methode `isOk()` verifizieren Sie dann, dass der Status der HTTP-Anforderung `200` ist. Außerdem verifizieren Sie, dass die gemockte Use-Case-Klasse aufgerufen wurde.

Mit diesem Test werden die meisten Verantwortlichkeiten eines Web-Adapters abgedeckt.

Tatsächlich testen Sie nicht über das HTTP-Protokoll, sondern mocken dies mit dem `MockMvc`-Objekt. Sie vertrauen ganz einfach darauf, dass das Framework alles zu und von HTTP korrekt übersetzt. Es gibt keinen Grund, das Framework zu testen, denn die Frameworkentwickler sollten das getan haben.

Allerdings wird der komplette Weg vom Zuordnen der Eingabe von JSON in ein `SendMoneyCommand`-Objekt abgedeckt. Wenn Sie das `SendMoneyCommand`-Objekt als ein sich selbst validierendes Kommando erstellen, wie in *Kapitel 5, Einen Use Case implementieren*, beschrieben wird, können Sie sogar sicherstellen, dass dieses Mapping syntaktisch gültige Eingaben für den Use Case erzeugt. Sie haben außerdem verifiziert, dass der Use Case wirklich aufgerufen wird und dass die HTTP-Antwort den erwarteten Status hat.

Wieso ist das ein Integrationstest und kein Unit-Test? Selbst wenn es so aussieht, als würden Sie in diesem Test nur eine einzige Webcontroller-Klasse testen, geht hinter den Kulissen doch noch viel mehr vor. Mit der `@WebMvcTest`-Annotation weisen Sie Spring an, ein ganzes Netzwerk aus Objekten zu instanziieren, das verantwortlich für das Routing von HTTP-Anfragen, das Mapping zwischen Java und JSON, das Validieren der HTTP-Eingabe usw. ist. Und in diesem Test verifizieren Sie, dass Ihr Webcontroller korrekt als Teil dieses Netzwerks agiert.

Aufgrund der starken Kopplung des Webcontrollers mit dem Spring-Framework ist es sinnvoll, ihn zu testen, wenn er in dieses Framework integriert ist, statt ihn isoliert zu testen. Hätten Sie den Webcontroller mit einem einfachen Unit-Test getestet, dann hätten Sie nicht auch noch die ganzen Mapping-, Validierungs- und HTTP-Sachen abgedeckt und könnten sich niemals sicher sein, ob in Produktion wirklich alles funktioniert, wo der Webcontroller nur ein winziges Rädchen im Getriebe des Frameworks ist.

8.5 Testen eines Persistenz-Adapters mit Integrationstests

Aus einem ähnlichen Grund ist es sinnvoll, Persistenz-Adapter mit Integrationstests abzudecken statt mit Unit-Tests – schließlich möchten Sie nicht nur die Logik innerhalb des Adapters verifizieren, sondern auch das Mapping in die Datenbank.

Sie testen hier den Persistenz-Adapter aus *Kapitel 7, Einen Persistenz-Adapter implementieren*. Der Adapter besitzt zwei Methoden, eine zum Laden eines `Account`-Entitys aus der Datenbank und eine zum Speichern neuer Kontoaktivitäten in der Datenbank.

```
@DataJpaTest
@Import({AccountPersistenceAdapter.class, AccountMapper.class})
class AccountPersistenceAdapterTest {

  @Autowired
  private AccountPersistenceAdapter adapter;

  @Autowired
  private ActivityRepository activityRepository;

```

```
  @Test
  @Sql("AccountPersistenceAdapterTest.sql")
  void loadsAccount() {
    Account account = adapter.loadAccount(
        new AccountId(1L),
        LocalDateTime.of(2018, 8, 10, 0, 0));

    assertThat(account.getActivityWindow()
            .getActivities())
            .hasSize(2);
    assertThat(account.calculateBalance())
            .isEqualTo(Money.of(500));
  }

  @Test
  void updatesActivities() {
    Account account = defaultAccount()
        .withBaselineBalance(Money.of(555L))
        .withActivityWindow(new ActivityWindow(
            defaultActivity()
                .withId(null)
                .withMoney(Money.of(1L)).build()))
        .build();

    adapter.updateActivities(account);

    assertThat(activityRepository.count()).isEqualTo(1);

    ActivityJpaEntity savedActivity = activityRepository
            .findAll()
            .get(0);
    assertThat(savedActivity.getAmount()).isEqualTo(1L);
  }
}
```

Mit `@DataJpaTest` weisen Sie Spring an, das Netzwerk aus Objekten zu instanziieren, die für den Datenbankzugriff erforderlich sind, darunter auch die Spring-Data-Repositories, die sich mit der Datenbank verbinden. Sie benutzen die Annotation `@Import`, um einige zusätzliche Konfigurationen zu importieren, die sicherstellen, dass bestimmte Objekte zu dem Netzwerk hinzugefügt werden. Diese Objekte werden von dem zu testenden Adapter benötigt, um zum Beispiel eingehende Domänenobjekte auf Datenbankobjekte abzubilden.

Im Test für die `loadAccount()`-Methode bringen Sie die Datenbank mit einem SQL-Skript namens `AccountPersistenceAdapterTest.sql` in einen bestimmten Zustand. Dann laden Sie einfach durch die Adapter-API das Konto und verifizieren, dass es entsprechend dem Datenbankzustand im SQL-Skript den erwarteten Zustand hat.

Der Test für `updateActivities()` verläuft andersherum. Sie erzeugen ein `Account`-Objekt mit einer neuen Kontoaktivität und übergeben es zur Speicherung in der Datenbank an den Adapter. Dann prüfen Sie, ob die Aktivität durch die API von `ActivityRepository` in der Datenbank abgelegt wurde.

Ein wichtiger Aspekt dieser Tests besteht darin, dass Sie die Datenbank nicht wegmocken. Die Tests werden tatsächlich auf der Datenbank ausgeführt. Hätten wir die Datenbank hinter einem Mock versteckt, dann würden die Tests dieselben Codezeilen abdecken, die gemessene Testabdeckung wäre also dieselbe. Dennoch bestünde eine hohe Wahrscheinlichkeit, dass die Tests in einem Szenario mit einer echten Datenbank fehlschlagen, weil es Fehler in den SQL-Anweisungen gibt oder unerwartete Mapping-Fehler zwischen den Datenbanktabellen und den Java-Objekten auftreten.

Beachten Sie, dass Spring für die Tests standardmäßig eine In-Memory-Datenbank verwendet. Das ist ganz praktisch, da Sie dann nichts konfigurieren müssen und die Tests quasi »out of the Box« funktionieren. Da diese im Speicher vorgehaltene Datenbank aber mit hoher Wahrscheinlichkeit nicht die Datenbank ist, die Sie im Produktionseinsatz benutzen, kann mit der realen Datenbank immer noch etwas schiefgehen, selbst wenn die Tests an der In-Memory-Datenbank perfekt funktioniert haben. Datenbankanbieter implementieren zum Beispiel gern ihre eigenen SQL-Varianten.

Aus diesem Grund sollten Persistenz-Adaptertests an der echten Datenbank erfolgen. Bibliotheken wie **Testcontainers** sind in dieser Hinsicht eine großartige Hilfe, da sie bei Bedarf einen Docker-Container mit einer Datenbank herbeizaubern.[3]

Das Testen an einer realen Datenbank hat außerdem den Vorteil, dass Sie sich nicht um zwei verschiedene Datenbanksysteme kümmern müssen. Wenn Sie während der Tests die In-Memory-Datenbank benutzen, müssten Sie sie auf eine bestimmte Weise konfigurieren oder Sie müssten separate Versionen der Datenbankmigrationsskripte für jede Datenbank entwickeln, was ein ziemlicher Rückschlag für die Wartbarkeit Ihrer Tests wäre.

8.6 Testen der Hauptpfade mit Systemtests

An der Spitze der Pyramide befindet sich das, was ich als **Systemtests** bezeichne. Ein Systemtest startet die gesamte Anwendung und richtet Anfragen an ihre API, womit verifiziert werden soll, dass alle Schichten korrekt zusammenarbeiten.

3 Testcontainers: `https://www.testcontainers.org/`.

Bei der Hexagonalen Architektur geht es vor allem darum, eine wohldefinierte Grenze zwischen Ihrer Anwendung und der Außenwelt zu errichten. Dadurch werden die Anwendungsgrenzen per Design sehr gut testbar. Um Ihre Anwendung lokal zu testen, tauschen Sie einfach die Adapter durch Mock-Adapter aus, wie Abbildung 8.2 zeigt.

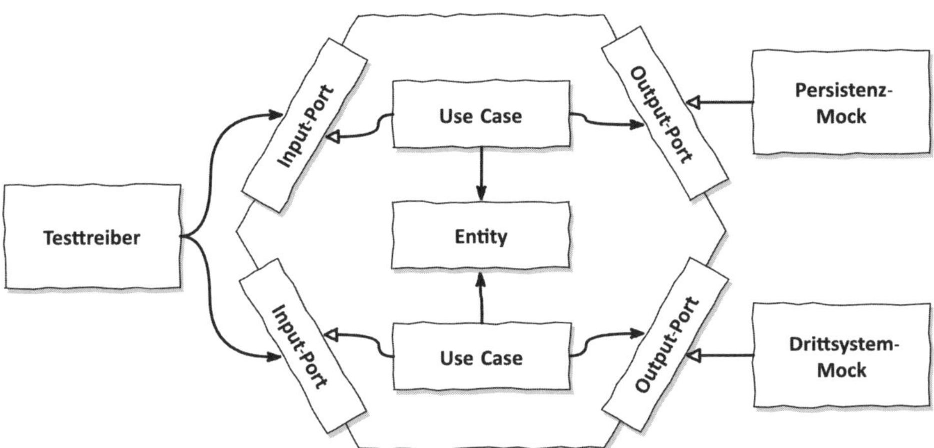

Abb. 8.2: Wenn Sie die Adapter durch Mocks ersetzen, können Sie Ihre Anwendung ohne Abhängigkeiten zur Außenwelt ausführen und testen.

Auf der linken Seite ersetzen Sie die Eingangsadapter durch einen Testtreiber, der die Eingangsports der Anwendung aufruft, um mit ihnen zu interagieren. Der Testtreiber kann bestimmte Testszenarien implementieren, die während eines automatisierten Tests das Benutzerverhalten simulieren.

Auf der rechten Seite können Sie die Ausgangsadapter durch Mock-Adapter ersetzen, die das Verhalten eines echten Adapters simulieren und zuvor festgelegte Werte zurückgeben.[4]

Auf diese Weise können Sie »Anwendungstests« erstellen, die das »Hexagon« Ihrer Anwendung von den Eingangsports über die Domänenservices und Entities bis zu den Ausgangsports abdecken.

4 Mocks: Je nachdem, was Sie in Ihrem Test machen, könnten Sie darauf aufmerksam gemacht werden, dass es nicht »Mock« heißen sollte, sondern »Fake« oder »Stub« . Jeder Begriff scheint eine etwas andere Semantik zu haben, doch am Ende ersetzen sie alle das »reale« Ding durch ein »simuliertes« Ding, also einen »Mock«, der in den Tests benutzt wird. Ich bin normalerweise ein Fan davon, Dinge mit ihrem richtigen Namen zu benennen, aber in diesem Fall sehe ich nicht ein, welchen Sinn es hat, darüber zu diskutieren, wo ein Mock endet und ein Stub beginnt. Oder ist es andersherum?

Ich würde mich jedoch dafür einsetzen, dass Sie, statt »Anwendungstests« zu schreiben, die die Eingangs- und Ausgangsadapter wegmocken, lieber danach streben sollten, »Systemtests« zu schreiben, die den ganzen Weg vom echten Eingangsadapter zum echten Ausgangsadapter abdecken. Diese Tests enthüllen viele raffinierte Bugs, die Sie nicht finden würden, wenn Sie die Eingangs- und Ausgangsadapter wegmocken. Zu diesen Bugs gehören Mapping-Fehler zwischen den Schichten oder einfach falsche Erwartungen zwischen der Anwendung und den externen Systemen, mit denen sie kommuniziert.

Ein solcher »Systemtest« erfordert, dass Sie in einem Testszenario die echten externen Systeme zur Verfügung stellen, mit denen die Anwendung redet.

Auf der Eingangsseite müssen Sie zum Beispiel dafür sorgen, dass reale HTTP-Aufrufe an Ihre Anwendung ausgeführt werden können, damit die Anforderungen durch Ihren realen Web-Adapter verlaufen. Das sollte jedoch recht einfach sein, da Sie dazu lediglich Ihre Anwendung lokal starten und auf HTTP-Aufrufe lauschen lassen müssen, wie es auch in einer Produktionsumgebung der Fall wäre.

Auf der Ausgangsseite müssen Sie zum Beispiel eine echte Datenbank platzieren, damit Ihre Tests durch den realen Persistenz-Adapter verlaufen. Die meisten Datenbanken machen einem dies einfach, indem sie ein Docker-Image bereitstellen, das man lokal als Container starten kann. Falls Ihre Anwendung zu einem Drittanbietersystem spricht, das keine Datenbank ist, sollten Sie dennoch versuchen, ein Docker-Image zu finden (oder herzustellen), das dieses System enthält, damit Sie Ihre Anwendung daran testen können.

Steht für ein bestimmtes externes System kein Docker-Image zur Verfügung, können Sie einen eigenen gemockten Ausgangsadapter schreiben, der das reale Ding simuliert. Die Hexagonale Architektur macht es Ihnen einfach, den echten Ausgangsadapter zu Testzwecken durch diesen Mock zu ersetzen. Und wenn ein Docker-Image verfügbar wird, können Sie ohne allzu viel Aufwand zum realen Ausgangsadapter wechseln.

Es gibt natürlich sinnvolle Gründe, mit Mock-Adaptern statt mit realen Adaptern zu testen. Falls Ihre Anwendung zum Beispiel in mehreren Profilen läuft und jedes Profil einen anderen (realen) Eingangs- oder Ausgangsadapter benutzt, der an denselben Eingangs- und Ausgangsports implementiert ist, sollten Sie Tests haben, die Fehler in der Anwendung von Fehlern in den Adaptern unterscheiden. Anwendungstests, die nur Ihr Hexagon abdecken, sind dann genau das Werkzeug, das Sie benötigen. Bei einer Standardwebanwendung mit einer Datenbank jedoch, bei der Eingangs- und Ausgangsadapter einigermaßen statisch sind, möchten Sie sich vermutlich stattdessen auf Systemtests konzentrieren.

Wie würde ein Systemtest aussehen? In einem Systemtest für den *Geld senden*-Use-Case schicken Sie eine HTTP-Anforderung an die Anwendung und validieren die Antwort genau wie den neuen Kontostand.

In der Java- und Spring-Welt könnte das so aussehen:

```
@SpringBootTest(webEnvironment = WebEnvironment.RANDOM_PORT)
class SendMoneySystemTest {

  @Autowired
  private TestRestTemplate restTemplate;

  private static final String ENDPOINT
    = "/accounts/sendMoney/{sourceAccountId}/{targetAccountId}/{amount}";

  @Test
  @Sql("SendMoneySystemTest.sql")
  void sendMoney() {

    Money initialSourceBalance = sourceAccount().calculateBalance();
    Money initialTargetBalance = targetAccount().calculateBalance();

    ResponseEntity response = whenSendMoney(
        sourceAccountId(),
        targetAccountId(),
        transferredAmount());

    then(response.getStatusCode())
        .isEqualTo(HttpStatus.OK);

    then(sourceAccount().calculateBalance())
        .isEqualTo(initialSourceBalance.minus(transferredAmount()));

    then(targetAccount().calculateBalance())
        .isEqualTo(initialTargetBalance.plus(transferredAmount()));
  }

  private ResponseEntity whenSendMoney(
      AccountId sourceAccountId,
      AccountId targetAccountId,
      Money amount) {
    HttpHeaders headers = new HttpHeaders();
    headers.add("Content-Type", "application/json");
    HttpEntity<Void> request = new HttpEntity<>(null, headers);

    return restTemplate.exchange(
        ENDPOINT,
```

```
            HttpMethod.POST,
            request,
            Object.class,
            sourceAccountId.getValue(),
            targetAccountId.getValue(),
            amount.getAmount());
    }

    // some helper methods omitted
}
```

Mit `@SpringBootTest` weisen Sie Spring an, das ganze Netzwerk aus Objekten zu starten, aus dem die Anwendung besteht. Sie konfigurieren die Anwendung außerdem so, dass sie an einem beliebigen Port nach eingehenden HTTP-Anfragen lauscht.

In der Testmethode erzeugen Sie einfach eine Anforderung, senden sie an die Anwendung und prüfen dann den Antwortstatus und den neuen Kontostand der Konten.

Sie verwenden ein `TestRestTemplate`, um die Anfrage zu senden, und nicht `MockMvc` wie in dem Web-Adapter-Test. Der Test führt also reale HTTP-Aufrufe aus, sodass er sich etwas näher an einer Produktionsumgebung bewegt.

So wie Sie über reales HTTP gehen, gehen Sie auch durch die realen Ausgangsadapter. In Ihrem Fall ist dies nur ein Persistenz-Adapter, der die Anwendung mit einer Datenbank verbindet. In einer Anwendung, die mit anderen Systemen kommuniziert, würde man zusätzliche Ausgangsadapter haben. Es ist nicht immer machbar, diese ganzen Drittanbietersysteme lokal zum Laufen zu bringen, nicht einmal für einen Systemtest, sodass Sie sie möglicherweise doch durch Mock-Systeme ersetzen. Ihre Hexagonale Architektur erleichtert Ihnen auch das, da Sie nur ein paar der Ausgangsportschnittstellen mocken müssen.

Beachten Sie, dass ich mich überaus bemüht habe, den Test so gut lesbar wie möglich zu machen. Ich habe jedes bisschen hässliche Logik in Helfer-Methoden versteckt. Diese Methoden bilden nun eine domänenspezifische Sprache, die Sie benutzen können, um den Zustand der Dinge zu verifizieren.

Eine domänenspezifische Sprache ist in jedem Typ von Test eine gute Idee, in Systemtests jedoch ist sie noch wichtiger. Systemtests simulieren die echten Benutzer der Anwendung viel besser als Unit- oder Integrationstests, sodass Sie sie verwenden können, um die Anwendung aus Sicht der Benutzer zu verifizieren. Mit einem passenden Vokabular ist das viel einfacher zu bewerkstelligen. Dieses Vokabular erlaubt es außerdem Domänenexperten, die am besten geeignet sind, um einen Benutzer der Anwendung zu verkörpern, und selbst wahrscheinlich keine Programmierer sind, über die Tests zu sprechen und Feedback zu geben. Es gibt ganze Bibliotheken für die verhaltensgetriebene Softwareentwicklung, wie etwa JGiven[5], die einen Rahmen bieten, um ein Vokabular für Ihre Tests zu erzeugen.

Wenn Sie so, wie in den vorangegangenen Abschnitten beschrieben, Unit- und Integrationstests entwickeln, decken die Systemtests einen großen Teil desselben Codes ab. Bieten sie überhaupt zusätzliche Vorteile? Ja, das tun sie. Normalerweise spüren sie andere Arten von Bugs auf als Unit- und Integrationstests. Zum Beispiel könnte das Mapping zwischen den Schichten nicht ganz korrekt sein. Das würden Sie mit Unit- und Integrationstests allein nicht bemerken.

Systemtests spielen ihre Stärken am besten aus, wenn sie mehrere Use Cases zu Szenarien kombinieren. Jedes Szenario repräsentiert einen bestimmten Pfad, den ein Benutzer typischerweise durch die Anwendung nehmen könnte. Wenn die wichtigsten Szenarien durch das Bestehen von Systemtests abgedeckt werden, können Sie davon ausgehen, dass Sie sie mit ihren neuesten Modifikationen nicht kaputtgemacht haben und bereit zur Auslieferung sind.

8.7 Wie viel Testen ist genug?

Eine Frage, die viele Projektteams, in denen ich mitgearbeitet habe, nicht beantworten konnten, war die nach der Menge des Testens. Reicht es, wenn Ihre Tests 80 % Ihrer Codezeilen abdecken? Sollte es mehr sein als das?

Die Abdeckung von Codezeilen ist ein schlechtes Maß zum Messen des Testerfolgs. Jedes andere Ziel als 100 % Abdeckung ist hier völlig bedeutungslos, da wichtige Teile der Codebasis möglicherweise überhaupt nicht abgedeckt wurden.[6] Und selbst bei 100 % können Sie sich nicht sicher sein, dass jeder Bug erwischt wurde.

Ich empfehle, den Testerfolg daran zu messen, wie zuversichtlich Sie dem nächsten Produktionsdeployment entgegensehen. Wenn Sie den Tests genügend vertrauen, um die Software nach dem Testen auszuliefern, ist alles in Ordnung. Je öfter Sie ausliefern, umso mehr Vertrauen haben Sie in Ihre Tests. Falls Sie nur zweimal im Jahr ausliefern, wird niemand den Tests trauen, weil diese sich nur zweimal im Jahr beweisen müssen.

Die ersten Male erfordert dies beim Ausliefern einen gewissen Vertrauensvorschuss. Doch wenn Sie es zur Priorität machen, Bugs im Produktionssystem zu beheben und aus ihnen zu lernen, sind Sie auf dem richtigen Weg. Bei jedem Produktions-Bug müssen Sie sich fragen: *Wieso haben unsere Tests diesen Bug nicht*

5 JGiven: `https://jgiven.org/`.

6 Testabdeckung: Falls Sie mehr über eine 100%-Testabdeckung erfahren wollen, schauen Sie sich meinen Artikel mit dem ironisch gemeinten Titel *Why you should enforce 100% code coverage* (Weshalb Sie 100 % Codeabdeckung durchsetzen sollten) unter `https://reflectoring.io/100-percent-test-coverage/` an.

gefunden? Dokumentieren Sie die Antwort und fügen Sie dann einen Test hinzu, der dies abdeckt. Im Laufe der Zeit gewinnen Sie Zuversicht bei der Auslieferung. Die Dokumentation bietet darüber hinaus ein Maß für das Abschätzen Ihrer Verbesserungen.

Es hilft jedoch, mit einer Strategie zu beginnen, die die Tests definiert, die Sie herstellen sollten. Eine solche Strategie für Ihre Hexagonale Architektur kann so aussehen:

- Während Sie ein Domänen-Entity implementieren, decken Sie es mit einem Unit-Test ab.
- Während Sie einen Use-Case-Service implementieren, decken Sie diesen mit einem Unit-Test ab.
- Während Sie einen Adapter implementieren, decken Sie diesen mit einem Integrationstest ab.
- Decken Sie die wichtigsten Wege, die ein Benutzer durch die Anwendung nehmen kann, mit einem Systemtest ab.

Beachten Sie die Formulierung *während Sie … implementieren* – erfolgen Tests während der Entwicklung eines Features und nicht erst danach, dann werden sie selbst zu einem Entwicklungswerkzeug und fühlen sich nicht an wie eine lästige Pflichtaufgabe.

Müssen Sie dagegen bei jeder Änderung eines einzelnen Feldes immer eine Stunde aufwenden, um die Tests zu reparieren, dann machen Sie etwas falsch. Vermutlich sind Ihre Tests zu empfindlich gegenüber strukturellen Veränderungen im Code und Sie sollten sich überlegen, wie Sie das verbessern können. Tests verlieren an Wert, wenn Sie sie bei jedem Umbau des Codes modifizieren müssen.

8.8 Wie hilft Ihnen dies, wartbare Software zu entwickeln?

Der Hexagonale Architekturstil trennt ganz klar zwischen Domänenlogik und nach außen gerichteten Adaptern. Dies hilft Ihnen, eine klare Teststrategie festzulegen, die die zentrale Domänenlogik mit Unit-Tests und die Adapter mit Integrationstests abdeckt.

Die Eingangs- und Ausgangsports bieten sich in Tests als sehr sichtbare Mock-Punkte an. Für jeden Port können Sie entscheiden, ob Sie ihn mocken oder ob Sie die echte Implementierung verwenden. Wenn die Ports jeweils sehr klein und fokussiert sind, ist das Mocken ausgesprochen leicht. Je weniger Methoden eine Portschnittstelle bereitstellt, umso einfacher ist es festzustellen, welche der Methoden Sie in einem Test mocken müssen.

Betrachten Sie es als Warnsignal, falls es zu schwierig wird, Dinge wegzumocken, oder Sie nicht wissen, welche Art von Test Sie benutzen sollten, um einen bestimmten Teil der Codebasis abzudecken. In dieser Hinsicht haben Ihre Tests die zusätzliche Verantwortung, als Frühwarnsystem zu dienen – sie sollen Sie vor Fehlern in der Architektur warnen und Sie wieder auf den richtigen Weg hin zu einer wartbaren Codebasis bringen.

Bisher haben Sie Use Cases und Adapter eher isoliert betrachtet. Doch wie kommunizieren sie miteinander? Im nächsten Kapitel werden Sie sich einige Strategien anschauen, mit denen Sie Datenmodelle entwerfen, die eine gemeinsame Sprache zwischen beiden Aspekten darstellen.

Kapitel 9

Mapping über Grenzen hinweg

In den vorangegangenen Kapiteln haben Sie die Web-, Anwendungs-, Domänen- und Persistenzschichten diskutiert sowie betrachtet, welchen Beitrag die einzelnen Schichten bei der Implementierung eines Use Case leisten.

Das gefürchtete und omnipräsente Thema des Mapping zwischen den Modellen der einzelnen Schichten wurde jedoch bisher kaum berührt. Ich wette, Sie hatten an irgendeinem Punkt einmal eine Diskussion darüber, ob es sinnvoll wäre, in zwei Schichten dasselbe Modell zu verwenden, um somit zu vermeiden, einen Mapper implementieren zu müssen.

Die Argumente hätten so aussehen können:

Pro-Mapping-Entwickler:

»Wenn wir kein Mapping zwischen den Schichten vornehmen, müssen wir in beiden Schichten dasselbe Modell benutzen, was bedeutet, dass die Schichten eng gekoppelt werden!«

Kontra-Mapping-Entwickler:

»Aber wenn wir zwischen den Schichten ein Mapping vornehmen, dann produzieren wir eine Menge Boilerplate-Code, was für viele Use Cases Overkill ist, da sie nur CRUD ausführen und über mehrere Schichten hinweg sowieso dasselbe Modell einsetzen!«

Wie so oft in solchen Diskussionen haben beide Seiten ein bisschen Recht. Betrachten wir einige Mapping-Strategien mit ihren Vor- und Nachteilen und schauen mal, ob wir diesen Entwicklern bei der Entscheidungsfindung helfen können.

9.1 Die »No Mapping«-Strategie

Die erste Strategie verzichtet tatsächlich ganz und gar auf ein Mapping.

Abbildung 9.1 zeigt die Komponenten, die relevant für den Geld senden-Use Case aus der BuckPal-Beispielanwendung sind.

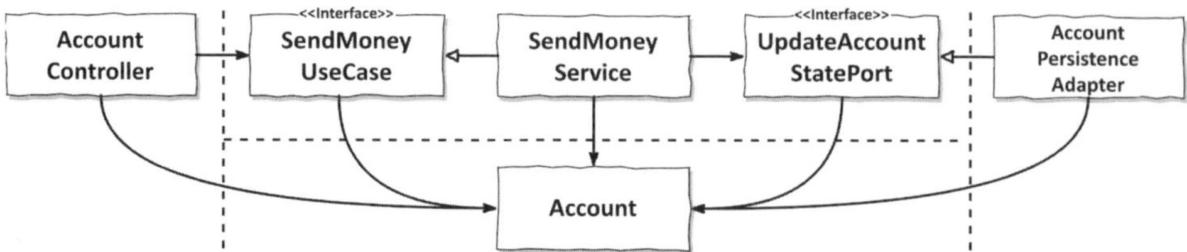

Abb. 9.1: Wenn die Portschnittstellen das Domänenmodell als Eingangs- und Ausgangsmodell benutzen, können Sie auf das Mapping zwischen den Schichten verzichten.

In der Webschicht ruft der Webcontroller die `SendMoneyUseCase`-Schnittstelle auf, um den Use Case auszuführen. Diese Schnittstelle nimmt ein `Account`-Objekt als Argument entgegen. Das bedeutet, dass sowohl die Web- als auch die Anwendungsschicht Zugriff auf die `Account`-Klasse benötigen – beide benutzen dasselbe Modell.

Auf der anderen Seite der Anwendung haben Sie die gleiche Beziehung zwischen der Persistenz- und der Anwendungsschicht.

Da alle Schichten dasselbe Modell verwenden, muss kein Mapping zwischen ihnen implementiert werden.

Doch was sind die Konsequenzen dieses Designs?

Die Web- und Persistenzschichten könnten spezielle Anforderungen an ihre Modelle haben. Wenn Ihre Webschicht ihr Modell zum Beispiel über eine REST-Schnittstelle nach außen freigibt, brauchen die Modellklassen möglicherweise einige Annotationen, die definieren, wie bestimmte Felder nach JSON serialisiert werden müssen. Dasselbe gilt für die Persistenzschicht, wenn Sie ein **objektrelationales Mapping**-Framework (**ORM**-Framework) benutzen, das auch Annotationen erfordert, die das Datenbank-Mapping definieren. Das Framework könnte außerdem verlangen, dass die Klasse einem bestimmten Vertrag folgt.

Mit einer »No Mapping«-Strategie müssen all diese besonderen Anforderungen in der Domänenmodellklasse `Account` behandelt werden, obwohl die Domänen- und die Anwendungsschicht daran gar nicht interessiert sind. Dies verletzt das Single-Responsibility-Prinzip, da die `Account`-Klasse aus Gründen geändert werden muss, die mit den Web-, Anwendungs- und Persistenzschichten zu tun haben.

Abgesehen von den technischen Anforderungen könnten die einzelnen Schichten auch noch bestimmte maßgeschneiderte Felder in der `Account`-Klasse verlangen. Das könnte ein fragmentiertes Domänenmodell zur Folge haben, bei dem bestimmte Felder nur in einer Schicht relevant sind.

Bedeutet das, dass Sie auf gar keinen Fall eine »No Mapping«-Strategie einsetzen sollten? Sicherlich nicht. Auch wenn es sich irgendwie falsch anfühlt, kann eine »No Mapping«-Strategie durchaus ihre Berechtigung haben.

Nehmen Sie einmal einen einfachen CRUD-Use-Case. Müssen Sie wirklich dieselben Felder aus dem Webmodell auf das Domänenmodell und aus dem Domänenmodell auf das Persistenzmodell abbilden? Ich würde sagen, das müssen Sie nicht.

Und was ist mit diesen JSON- oder ORM-Annotationen im Domänenmodell? Stören die wirklich? Was macht es schon, wenn Sie eine oder zwei Annotationen im Domänenmodell ändern müssen, falls sich etwas in der Persistenzschicht ändert?

Solange alle Schichten exakt dieselben Informationen in exakt derselben Struktur benötigen, ist eine »No Mapping«-Strategie eine absolut gültige Option.

Sobald Sie jedoch mit Web- oder Persistenzfragen in der Anwendungs- oder Domänenschicht zu tun haben (vielleicht abgesehen von den Annotationen), sollten Sie zu einer anderen Mapping-Strategie wechseln.

Es gibt hier eine Lektion für die zwei Entwickler aus der Einführung: Auch wenn Sie sich in der Vergangenheit für eine bestimmte Mapping-Strategie entschieden haben, können Sie diese später ändern.

Meiner Erfahrung nach starten viele Use Cases ihre Existenz als einfache CRUD-Use-Cases. Später entwickeln sie sich zu ausgewachsenen Business-Use-Cases weiter, deren breit aufgestelltes Verhalten und Validierungen eine aufwendigere Mapping-Strategie rechtfertigen. Vielleicht behalten sie aber auch für immer ihren CRUD-Status, sodass Sie am Ende froh sind, keinen Aufwand in eine andere Mapping-Strategie gesteckt zu haben.

9.2 Die »Zwei-Wege«-Mapping-Strategie

Eine Mapping-Strategie, in der jede Schicht ihr eigenes Modell besitzt, bezeichne ich als »Zwei-Wege«-Mapping-Strategie. Abbildung 9.2 verdeutlicht sie.

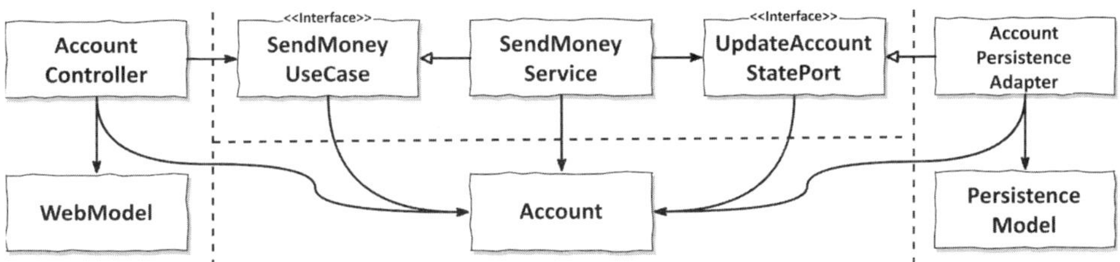

Abb. 9.2: Wenn jeder Adapter sein eigenes Modell besitzt, sind die Adapter dafür verantwortlich, ihr Modell auf das Domänenmodell und zurück abzubilden.

Jede Schicht hat ihr eigenes Modell, dessen Struktur vollkommen anders als die des Domänenmodells sein kann.

Die Webschicht bildet das Webmodell auf das Eingabemodell ab, das von den eingehenden Ports erwartet wird. Es bildet außerdem Domänenobjekte, die von den eingehenden Ports zurückgegeben werden, zurück auf das Webmodell ab.

Die Persistenzschicht ist für ein ähnliches Mapping zwischen dem Domänenmodell, das von den ausgehenden Ports benutzt wird, und dem Persistenzmodell verantwortlich.

Beide Schichten implementieren ein Mapping in zwei Richtungen, daher der Name »Zwei-Wege«-Mapping.

Wenn jede Schicht ihr eigenes Modell hat, kann sie dieses modifizieren, ohne die anderen Schichten zu beeinflussen (solange die Inhalte unverändert bleiben). Das Webmodell kann eine Struktur besitzen, die eine optimale Präsentation der Daten gewährleistet. Die Struktur des Domänenmodells kann für die beste Implementierung der Use Cases gestaltet sein. Und das Persistenzmodell kann die Struktur haben, die von einem OR-Mapper zum persistenten Ablegen der Objekte in einer Datenbank benötigt wird.

Diese Mapping-Strategie hat darüber hinaus ein sauberes Domänenmodell zur Folge, das nicht von Web- oder Persistenzproblemen belastet wird. Es enthält keine JSON- oder ORM-Mapping-Annotationen. Das Single-Responsibility-Prinzip wird eingehalten.

Ein weiterer Bonus des »Zwei-Wege«-Mapping besteht darin, dass es nach der »No Mapping«-Strategie die konzeptuell einfachste Mapping-Strategie ist. Die Mapping-Verantwortlichkeiten sind klar: Die äußeren Schichten/Adapter führen eine Zuordnung in das Modell der inneren Schichten und zurück aus. Die inneren Schichten kennen nur ihr eigenes Modell und können sich auf die Domänenlogik statt auf das Mapping konzentrieren.

Genau wie die anderen Mapping-Strategien hat auch das »Zwei-Wege«-Mapping einige Nachteile.

Erstens sorgt es normalerweise für eine Menge Boilerplate-Code. Selbst wenn Sie eines der vielen vorhandenen Mapping-Frameworks benutzen, um die Codemenge zu reduzieren, erfordert das Implementieren des Mapping zwischen Modellen normalerweise relativ viel Zeit. Das ist teilweise der Tatsache geschuldet, dass das Debugging von Mapping-Logik ausgesprochen mühselig ist – vor allem, wenn Sie ein Mapping-Framework verwenden, das seine inneren Abläufe hinter einer Schicht aus generischem Code verbirgt.

Ein weiterer potenzieller Nachteil ist, dass die eingehenden und ausgehenden Ports Domänenobjekte als Eingangsparameter und Rückgabewerte verwenden.

Die Adapter bilden diese auf ihr eigenes Modell ab, doch das erzeugt immer noch mehr Kopplungen zwischen den Schichten, als wenn Sie ein dediziertes »Transportmodell« eingeführt hätten wie in der »vollständigen« Mapping-Strategie, die Sie gleich kennenlernen werden.

Die »Zwei-Wege«-Mapping-Strategie ist genau wie die »No Mapping«-Strategie keine Wunderwaffe. In vielen Projekten jedoch gilt diese Art von Mapping als heiliges Gesetz, das durch die ganze Codebasis hindurch befolgt werden muss, und das für die einfachsten CRUD-Use-Cases. Das bremst den Entwicklungsvorgang unnötig aus.

Keine der Mapping-Strategien darf als unumstößliches Gesetz gelten. Stattdessen sollten Sie für jeden Use Case neu entscheiden.

9.3 Die »vollständige« Mapping-Strategie

Diese Mapping-Strategie bezeichne ich als »vollständige« Mapping-Strategie. Sie ist in Abbildung 9.3 grafisch dargestellt.

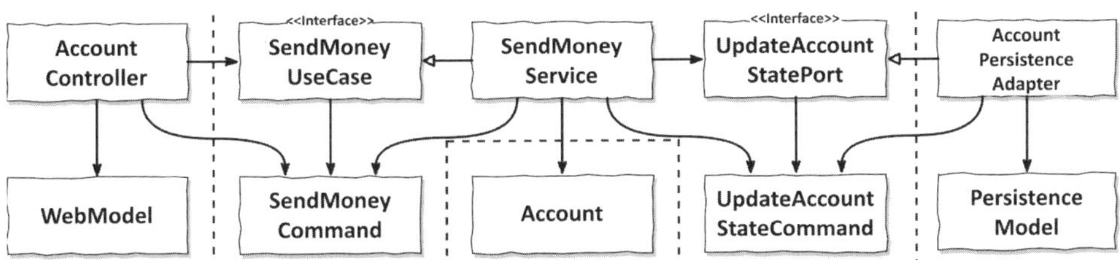

Abb. 9.3: Wenn jede Operation ihr eigenes Modell verlangt, bilden der Web-Adapter und die Anwendungsschicht jeweils ihr Modell in das Modell ab, das von der Operation, die sie ausführen wollen, erwartet wird.

Diese Mapping-Strategie führt ein separates Eingabe- und Ausgabemodell pro Operation ein. Anstatt mit dem Domänenmodell über Schichtgrenzen hinaus zu kommunizieren, nutzen Sie ein Modell, das speziell auf die jeweilige Operation ausgerichtet ist, wie etwa `SendMoneyCommand`, das als Eingabemodell für den Port `SendMoneyUseCase` in der Abbildung fungiert. Man kann diese Modelle »Command«, »Query« oder ähnlich nennen.

Die Webschicht ist verantwortlich dafür, ihre Eingabe auf das Kommandoobjekt der Anwendungsschicht abzubilden. Solch ein Kommando macht die Schnittstelle zur Anwendungsschicht sehr explizit und lässt kaum Raum für Interpretationen. Jeder Use Case hat sein eigenes Kommando mit eigenen Feldern und Validierungen. Man muss nicht raten, welche Felder gefüllt werden müssen und welche besser frei bleiben sollten, weil sie ansonsten eine Validierung auslösen, die für den aktuellen Use Case nicht gewünscht ist.

Die Anwendungsschicht ist dann für das Mapping des Kommandoobjekts in eine Zustandsänderung des Domänenmodells verantwortlich.

Natürlich erfordert das Mapping von einer Schicht in viele unterschiedliche Kommandos noch mehr Mapping-Code als das Mapping zwischen einem einzigen Webmodell und einem Domänenmodell. Dieses Mapping lässt sich jedoch bedeutend einfacher implementieren und warten als ein Mapping, das die Anforderungen vieler Use Cases bedienen muss statt nur eines einzigen.

Ich rate davon ab, diese Mapping-Strategie als globales Muster zu verwenden. Sie spielt ihre Vorteile am besten zwischen der Webschicht (oder einem anderen eingehenden Adapter) und der Anwendungsschicht aus, um die zustandsverändernden Use Cases der Anwendung klar abzugrenzen. Wegen des Mapping-Overheads würde ich sie nicht zwischen der Anwendungs- und der Persistenzschicht einsetzen.

Normalerweise würde ich diese Art von Mapping auf das Eingabemodell von Operationen beschränken und einfach ein Domänenobjekt als Ausgabemodell verwenden. `SendMoneyUseCase` gibt dann zum Beispiel ein `Account`-Objekt mit dem aktualisierten Kontostand zurück.

Dies zeigt Ihnen, dass Mapping-Strategien gemischt werden können und sollten. Keine Mapping-Strategie darf als globale Regel über alle Schichten hinweg angesehen werden.

9.4 Die »Ein-Weg«-Mapping-Strategie

Es gibt noch eine weitere Mapping-Strategie mit all ihren Vor- und Nachteilen: die »Ein-Weg«-Mapping-Strategie, die in Abbildung 9.4 grafisch dargestellt ist.

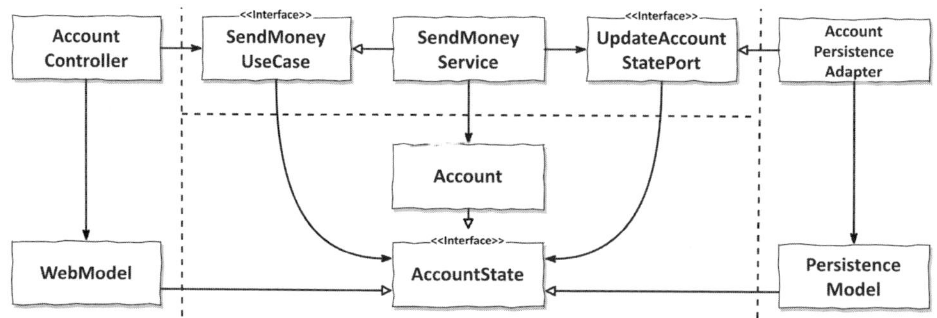

Abb. 9.4: Wenn das Domänenmodell und die Adaptermodelle die gleiche »Zustands«-Schnittstelle implementieren, muss jede Schicht nur Objekte in eine Richtung mappen, nämlich immer dann, wenn sie ein Objekt von einer anderen Schicht entgegennimmt.

In dieser Strategie implementieren die Modelle in allen Schichten die gleiche Schnittstelle (`AccountState` in diesem Beispiel), die den Zustand des Domänenmodells einkapselt, indem sie Getter-Methoden zu den relevanten Attributen zur Verfügung stellt.

Das Domänenmodell selbst kann ein reiches Verhalten implementieren, auf das Sie von Ihren Services in der Anwendungsschicht aus zugreifen können. Sie können ein Domänenobjekt ohne Mapping an die äußeren Schichten übergeben, da das Domänenobjekt die Zustandsschnittstelle implementiert, die von den eingehenden und ausgehenden Ports erwartet wird.

Die äußeren Schichten können dann entscheiden, ob sie mit der Schnittstelle arbeiten können oder ob sie sie auf ihr eigenes Modell abbilden müssen. Sie können jedoch nicht unbeabsichtigt den Zustand des Domänenobjekts modifizieren, da das verändernde Verhalten nicht von der Zustandsschnittstelle angeboten wird.

Objekte, die Sie von einer äußeren Schicht in die Anwendungsschicht übergeben, implementieren ebenfalls diese Zustandsschnittstelle. Die Anwendungsschicht muss diese dann auf das echte Domänenmodell abbilden, um Zugriff auf ihr Verhalten zu bekommen. Dieses Mapping funktioniert gut mit dem Konzept einer Factory im **Domain-Driven Design**. Im DDD ist eine Factory dafür verantwortlich, ein Domänenobjekt aus einem bestimmten Zustand wiederherzustellen. Das ist genau das, was Sie hier machen.[1]

Die Mapping-Verantwortlichkeit ist klar: Wenn eine Schicht ein Objekt aus einer anderen Schicht empfängt, mappt sie es zu einem Objekt, mit dem die Schicht weiterarbeiten kann. Das bedeutet, jede Schicht führt eine solche Zuordnung nur in eine Richtung aus – es ist also eine »Ein-Weg«-Mapping-Strategie.

Da das Mapping allerdings über die Schichten verteilt wird, ist diese Strategie konzeptuell schwieriger als die anderen Strategien.

Die besondere Stärke dieser Strategie zeigt sich, wenn die Modelle in den verschiedenen Schichten ähnlich sind. Bei schreibgeschützten Operationen muss zum Beispiel die Webschicht möglicherweise kein Mapping in ihr eigenes Modell vornehmen, da die Zustandsschnittstelle alle erforderlichen Informationen liefert.

9.5 Wann wird welche Mapping-Strategie benutzt?

Das ist die spannende Frage, nicht wahr?!

Die Antwort ist das übliche, wenig befriedigende *Es kommt drauf an.*

Da jede Mapping-Strategie andere Vor- und Nachteile hat, sollten Sie dem Drang widerstehen, eine einzige Strategie als unbedingt zu befolgende globale Regel für

1 Fabrik (Factory): *Domain Driven Design* von Eric Evans, Addison-Wesley, 2004, S. 158.

die ganze Codebasis festzulegen. Das widerspricht Ihren Instinkten, da es sich irgendwie unordentlich anfühlt, Muster in derselben Codebasis zu mischen. Doch wissentlich ein Muster zu wählen, das nicht das beste Muster für einen bestimmten Job ist, nur um Ihren Sinn für Ordnung zufriedenzustellen, ist klipp und klar unverantwortlich.

Da Software sich im Laufe der Zeit weiterentwickelt, ist die Strategie, die gestern am besten aussah, heute möglicherweise nicht mehr die beste Wahl. Anstatt mit einer festen Mapping-Strategie zu beginnen und diese auf Gedeih und Verderb, immer beizubehalten, könnten Sie mit einer einfachen Strategie beginnen, die es Ihnen erlaubt, den Code schnell weiterzuentwickeln, und später zu einer komplexeren Strategie wechseln, die Ihnen dabei hilft, die Schichten zu entkoppeln.

Um zu entscheiden, welche Strategie Sie wann einsetzen, müssen Sie sich im Team auf eine Reihe von Richtlinien einigen. Diese Richtlinien sollten die Frage beantworten, welche Mapping-Strategie in welcher Situation die erste Wahl ist. Sie sollte außerdem eine Antwort auf die Frage liefern, wieso sie die erste Wahl ist, damit Sie später einschätzen können, ob die Gründe noch gelten.

Sie könnten zum Beispiel für modifizierende Use Cases andere Mapping-Richtlinien definieren als für lesende Use Cases. Auch zwischen den Web- und Anwendungsschichten sowie den Anwendungs- und Persistenzschichten sollten sich die Mapping-Strategien unterscheiden.

Richtlinien für diese Situationen könnten so aussehen:

- Wenn Sie an einem modifizierenden Use Case arbeiten, ist die »vollständige« Mapping-Strategie die erste Wahl zwischen der Web- und der Anwendungsschicht, um die Use Cases voneinander zu entkoppeln. Dies gibt Ihnen ganz klare Validierungsregeln für jeden Use Case und Sie müssen sich nicht mit Feldern befassen, die Sie in einem bestimmten Use Case nicht brauchen.
- Wenn Sie an einem modifizierenden Use Case arbeiten, ist die »No Mapping«-Strategie die erste Wahl zwischen der Anwendungs- und der Persistenzschicht, um den Code schnell weiterentwickeln zu können, ohne dass Mapping-Overhead anfällt. Sobald Sie sich jedoch in der Anwendungsschicht mit Persistenzfragen befassen müssen, wechseln Sie zu einer »Zwei-Wege«-Mapping-Strategie, damit Persistenzprobleme in der Persistenzschicht bleiben.
- Wenn Sie an einer lesenden Abfrage arbeiten, ist die »No Mapping«-Strategie die erste Wahl zwischen der Web- und der Anwendungsschicht sowie der Anwendungs- und der Persistenzschicht, damit Sie den Code schnell weiterentwickeln können, ohne dass Mapping-Overhead anfällt. Sobald Sie sich jedoch in der Anwendungsschicht mit Web- oder Persistenzfragen befassen müssen, wechseln Sie zu einer »Zwei-Wege«-Mapping-Strategie zwischen der Web- und der Anwendungsschicht bzw. der Anwendungs- und der Persistenzschicht.

Um solche Richtlinien erfolgreich anzuwenden, müssen diese in den Gedanken der Entwicklerinnen und Entwickler präsent sein. Die Richtlinien müssen deshalb laufend im Team diskutiert und angepasst werden.

9.6 Wie hilft Ihnen dies, wartbare Software zu entwickeln?

Eingehende und ausgehende Ports dienen als Torwächter zwischen den Schichten Ihrer Anwendung. Sie definieren, wie die Schichten miteinander kommunizieren und wie Sie die Modelle zwischen den Schichten mappen.

Wenn für jeden Use Case schmale Ports vorhanden sind, können Sie für unterschiedliche Use Cases unterschiedliche Mapping-Strategien wählen und diese sogar im Laufe der Zeit weiterentwickeln, ohne dass andere Use Cases beeinflusst werden. Auf diese Weise haben Sie die Möglichkeit, die beste Strategie für eine bestimmte Situation zu einem bestimmten Zeitraum zu wählen.

Die Auswahl unterschiedlicher Mapping-Strategien für jeden Use Case ist schwieriger und erfordert mehr Kommunikation, als einfach dieselbe Mapping-Strategie für alle Situationen zu nehmen. Das Team wird dabei jedoch mit einer Codebasis belohnt, die genau das macht, was sie machen soll, und leichter zu warten ist, solange die Mapping-Richtlinien bekannt sind.

Nachdem Sie nun wissen, aus welchen Komponenten Ihre Anwendung besteht und wie diese kommunizieren, können Sie sich damit befassen, wie sich aus den unterschiedlichen Komponenten eine funktionierende Anwendung zusammensetzen lässt.

Kapitel 10

Die Anwendung zusammensetzen

Sie haben nun einige Use Cases, Web-Adapter und Persistenz-Adapter implementiert und müssen das Ganze jetzt zu einer funktionierenden Anwendung zusammensetzen. Wie in *Kapitel 4, Code organisieren,* diskutiert wurde, verlassen Sie sich auf einen **Dependency-Injection**-Mechanismus, um die Klassen zu instanziieren und sie zum Startzeitpunkt miteinander zu verdrahten. In diesem Kapitel werden Sie einige Vorgehensweisen kennenlernen, wie sich das mit einfachem Java sowie den Spring- und Spring-Boot-Frameworks erreichen lässt.

10.1 Warum ist das Zusammensetzen wichtig?

Wieso instanziieren Sie die Use Cases und Adapter nicht einfach, wann und wo Sie sie brauchen? Weil Sie wollen, dass die Abhängigkeiten in die richtige Richtung zeigen. Erinnern Sie sich: Alle Abhängigkeiten sollten nach innen weisen, zum Domänencode Ihrer Anwendung, damit der Domänencode sich nicht ändern muss, wenn sich in den äußeren Schichten etwas ändert.

Wenn ein Use Case einen Persistenz-Adapter aufrufen muss und ihn einfach selbst instanziiert, haben Sie eine Codeabhängigkeit in der falschen Richtung erzeugt.

Aus diesem Grund haben Sie ausgehende Portschnittstellen angelegt. Der Use Case kennt nur die Schnittstelle und bekommt zur Laufzeit eine Implementierung dieser Schnittstelle präsentiert.

Eine schöne Nebenwirkung dieses Programmierstils ist, dass der Code, den Sie schreiben, viel leichter getestet werden kann. Wenn Sie alle Objekte, die eine Klasse braucht, an ihren Konstruktor übergeben, können Sie statt der realen Objekte auch Mocks übergeben – es ist also leicht, einen isolierten Unit-Test für die Klasse zu schaffen.

Wer ist also verantwortlich für das Erzeugen Ihrer Objektinstanzen? Und wie machen Sie das, ohne die **Dependency Rule** zu verletzen?

Die Antwort: Es muss eine Konfigurationskomponente geben, die neutral zu Ihrer Architektur steht und eine Abhängigkeit zu allen Klassen hat, um sie zu instanziieren. Abbildung 10.1 verdeutlicht das.

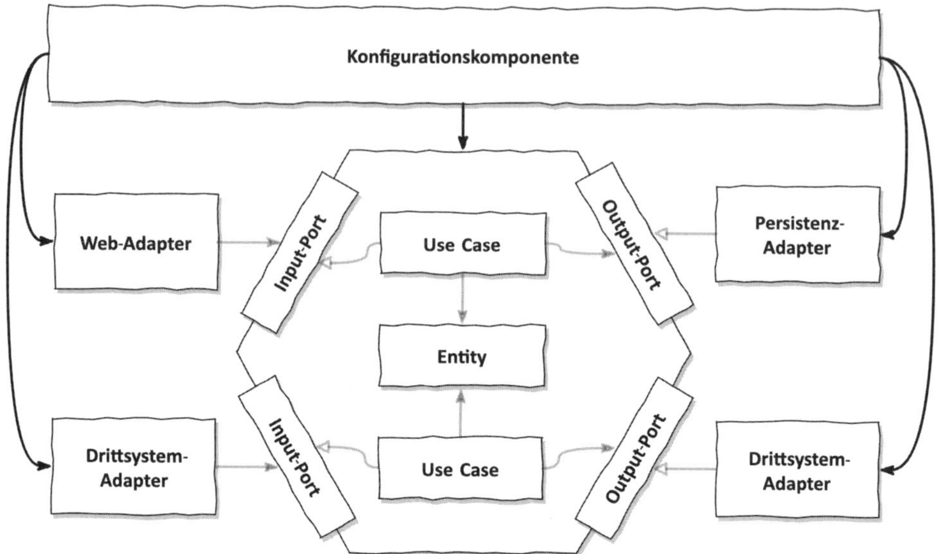

Abb. 10.1: Eine neutrale Konfigurationskomponente darf auf alle Klassen zugreifen, um sie zu instanziieren.

In der *Clean Architecture*, die in *Kapitel 3, Abhängigkeiten umkehren*, eingeführt wurde, würde diese Konfigurationskomponente sich im äußersten Kreis befinden, der auf alle inneren Schichten zugreifen darf, wie es die Dependency Rule definiert.

Die Konfigurationskomponente ist dafür verantwortlich, aus den Teilen, die Sie bereitstellen, eine funktionierende Anwendung zusammenzusetzen. Sie muss Folgendes machen:

- Web-Adapter-Instanzen erzeugen
- Sicherstellen, dass die HTTP-Anfragen an die Web-Adapter geroutet werden
- Use-Case-Instanzen erzeugen
- Web-Adapter mit Use-Case-Instanzen ausstatten
- Persistenz-Adapter-Instanzen erzeugen
- Use Cases mit Persistenz-Adapter-Instanzen ausstatten
- Sicherstellen, dass die Persistenz-Adapter auch wirklich auf die Datenbank zugreifen können

Abgesehen davon sollte die Konfigurationskomponente in der Lage sein, auf bestimmte Quellen von Konfigurationsparametern zuzugreifen, wie etwa Konfigurationsdateien, Umgebungsvariablen oder Kommandozeilenparameter. Während des Zusammenbaus der Anwendung übergibt die Konfigurationskomponente diese

Parameter dann an die Anwendungskomponenten. So können wir etwa konfigurieren, auf welche Datenbank zugegriffen oder welcher Server zum Versenden von E-Mails verwendet werden soll.

Das sind eine ganze Menge Verantwortlichkeiten (sprich: Änderungsgründe). Verletzen Sie hier das **Single-Responsibility-Prinzip**? Ja, das tun Sie, doch wenn Sie den Rest der Anwendung sauber halten wollen, brauchen Sie eine externe Komponente, die sich um die Verbindungen kümmert. Und diese Komponente muss alle beweglichen Teile kennen, um sie zu einer funktionierenden Anwendung zusammensetzen zu können.

10.2 Konfiguration mit einfachem Code

Es gibt mehrere Möglichkeiten, eine Konfigurationskomponente zu implementieren, die für das Zusammensetzen der Anwendung verantwortlich ist. Wenn Sie eine Anwendung ohne Unterstützung eines Dependency-Injection-Frameworks bauen, können Sie eine solche Komponente mit einfachem Code entwickeln:

```
package buckpal.configuration;

class Application {

  public static void main(String[] args) {
    AccountRepository accountRepository = new AccountRepository();
    ActivityRepository activityRepository = new ActivityRepository();
    AccountPersistenceAdapter accountPersistenceAdapter =
        new AccountPersistenceAdapter(accountRepository, activityRepository);

    SendMoneyUseCase sendMoneyUseCase =
        new SendMoneyUseService(
            accountPersistenceAdapter,  // LoadAccountPort
            accountPersistenceAdapter); // UpdateAccountStatePort

    SendMoneyController sendMoneyController =
        new SendMoneyController(sendMoneyUseCase);

    startProcessingWebRequests(sendMoneyController);
  }
}
```

Dieser Codeausschnitt ist ein vereinfachtes Beispiel dafür, wie eine solche Konfigurationskomponente aussehen könnte. In Java wird eine Anwendung aus der Methode `main()` heraus gestartet. Innerhalb dieser Methode instanziieren Sie alle Klassen, die Sie brauchen, vom Webcontroller bis zum Persistenz-Adapter, und verbinden sie miteinander.

Schließlich rufen Sie die Methode `startProcessingWebRequests()` auf, die den Webcontroller über HTTP bereitstellt.[1] Die Anwendung ist nun bereit, Anforderungen zu verarbeiten.

Diese Vorgehensweise ist der einfachste Weg, um eine Anwendung zusammenzubauen. Sie hat jedoch einige Nachteile:

- Erstens ist der gezeigte Code für eine Anwendung, die nur einen einzigen Webcontroller, Use Case und Persistenz-Adapter besitzt. Stellen Sie sich vor, wie viel Code wie diesen Sie schreiben müssten, um eine ausgewachsene Unternehmensanwendung zu laden!
- Zweitens, da Sie alle Klassen selbst von außerhalb ihrer Pakete instanziieren, müssen diese Klassen alle öffentlich sein. Das bedeutet zum Beispiel, dass der Java-Compiler einen Use Case nicht daran hindert, direkt auf einen Persistenz-Adapter zuzugreifen – schließlich ist dieser ja öffentlich. Es wäre nett, wenn man unerwünschte Abhängigkeiten wie diese vermeiden könnte, indem man die Sichtbarkeit package-private macht.

Glücklicherweise gibt es Dependency-Injection-Frameworks, die Ihnen diese Arbeit abnehmen und dennoch package-private Abhängigkeiten bewahren. Am beliebtesten ist in der Java-Welt momentan das Spring-Framework. Spring bietet neben vielen anderen Dingen auch Web- und Datenbank-Unterstützung, sodass Sie die mystische `startProcessingWebRequests()`-Methode schließlich doch nicht implementieren müssen.

10.3 Konfiguration mit Classpath-Scanning von Spring

Wenn Sie das Spring-Framework zum Zusammensetzen Ihrer Anwendung benutzen, wird das Ergebnis als **Application Context** (Anwendungskontext) bezeichnet. Der Anwendungskontext enthält alle Objekte, die gemeinsam die Anwendung bilden (im Java-Slang werden diese Objekte **Beans** genannt).

Spring bietet verschiedene Ansätze an, um einen Anwendungskontext zusammenzubauen, die jeweils ihre Vor- und Nachteile haben. Diskutieren wir als Erstes den beliebtesten (und bequemsten) Ansatz: das Classpath-Scanning.

Beim Classpath-Scanning geht Spring alle Klassen durch, die in einem bestimmten Teil des Classpaths zur Verfügung stehen, und sucht nach Klassen, die mit der Annotation `@Component` gekennzeichnet sind. Das Framework erzeugt dann aus jeder dieser Klassen ein Objekt. Die Klassen sollten einen Konstruktor haben, der

1 Die Methode startProcessingWebRequest() ist nur ein Platzhalter für jede Bootstrapping-Logik, die erforderlich ist, um Ihre Webadapter über HTTP freizugeben. Sie möchten so etwas eigentlich nicht selbst implementieren. In einer echten Anwendung erledigt das Framework dies für Sie.

alle erforderlichen Felder als Argument entgegennimmt, wie `AccountPersistenceAdapter` aus *Kapitel 7, Einen Persistenz-Adapter implementieren.*

```
@Component
@RequiredArgsConstructor
class AccountPersistenceAdapter implements
    LoadAccountPort,
    UpdateAccountStatePort {

  private final AccountRepository accountRepository;
  private final ActivityRepository activityRepository;
  private final AccountMapper accountMapper;

  @Override
  public Account loadAccount(AccountId accountId, LocalDateTime baselineDate) {
    ...
  }

  @Override
  public void updateActivities(Account account) {
    ...
  }
}
```

In diesem Fall haben Sie nicht einmal den Konstruktor selbst geschrieben, sondern dies von der Lombok-Bibliothek erledigen lassen, indem Sie die Annotation `@RequiredArgsConstructor` verwendet haben, die einen Konstruktor erzeugt, der alle `final`-Felder als Argumente entgegennimmt.

Spring findet diesen Konstruktor, sucht nach den mit `@Component` annotierten Klassen der erforderlichen Argumenttypen und instanziiert sie auf ähnliche Weise, um sie dem Anwendungskontext hinzuzufügen. Sobald alle erforderlichen Objekte zur Verfügung stehen, ruft es schließlich den Konstruktor von `AccountPersistenceAdapter` auf und fügt das resultierende Objekt ebenfalls dem Anwendungskontext hinzu.

Das Classpath-Scanning ist eine sehr bequeme Methode, um eine Anwendung zusammenzubauen. Sie müssen nur einige `@Component`-Annotationen in der Codebasis verteilen und die richtigen Konstruktoren bereitstellen.

Sie können darüber hinaus Ihre eigene stereotype Annotation erzeugen, die Spring dann übernehmen kann. Wie wäre es zum Beispiel mit einer `@PersistenceAdapter`-Annotation?

```
@Target({ElementType.TYPE})
@Retention(RetentionPolicy.RUNTIME)
@Documented
@Component
public @interface PersistenceAdapter {

  @AliasFor(annotation = Component.class)
  String value() default "";

}
```

Diese Annotation ist mit `@Component` meta-annotiert, um Spring darüber zu informieren, dass es sie beim Scannen des Classpaths berücksichtigen soll. Man könnte dann `@PersistenceAdapter` statt `@Component` benutzen, um die Persistenz-Adapter als Teil der Anwendung zu kennzeichnen. Mit dieser Annotation haben Sie Ihre Architektur für Menschen, die Ihren Code lesen, noch eindeutiger gemacht.

Das Scannen des Classpaths hat aber auch seine Nachteile. Erstens verlangt es von Ihnen, Framework-spezifische Annotationen in Ihre Klassen einzufügen. Wenn Sie ein Hardcore-Clean-Architekt sind, dann sagen Sie, dass dies verboten ist, weil es Ihren Code an ein spezielles Framework bindet.

Ich würde sagen, dass in der normalen Anwendungsentwicklung eine einzelne Annotation in einer Klasse keine so große Sache ist, die notfalls leicht durch ein Refactoring gelöst werden kann.

In anderen Kontexten dagegen, etwa wenn Sie eine Bibliothek oder ein Framework bauen, die bzw. das von anderen Entwicklern benutzt werden soll, ist das ein Ausschlusskriterium, weil Sie Ihre Benutzer nicht mit einer Abhängigkeit vom Spring-Framework belasten wollen.

Ein weiterer potenzieller Nachteil dieser Vorgehensweise ist, dass magische Dinge passieren könnten. Und damit meine ich die böse Art von Magie, die unerklärliche Auswirkungen verursacht, denen Sie tagelang hinterherjagen, bis Sie sie endlich verstehen.

Die Magie passiert, weil das Scannen des Classpaths eine relativ grobe Waffe für das Zusammenbauen einer Anwendung ist. Sie zeigen einfach mit Spring auf das übergeordnete Paket Ihrer Anwendung und sagen ihm, dass es in diesem Paket nach Klassen suchen soll, die mit `@Component` annotiert sind.

Kennen Sie wirklich jede einzelne Klasse, die es in Ihrer Anwendung gibt? Wahrscheinlich nicht. Ganz sicher gibt es einige Klassen, die Sie eigentlich lieber nicht in Ihrem Anwendungskontext haben möchten. Vielleicht manipuliert eine dieser Klassen sogar den Anwendungskontext auf ungünstige Weise und verursacht damit Fehler, die nur schwer zu finden sind.

Schauen wir uns einen alternativen Ansatz an, der Ihnen etwas mehr Kontrolle bietet.

10.4 Konfiguration mit Java Config von Spring

Wenn das Scannen des Classpaths die Keule für die Konfiguration von Anwendungen ist, dann ist die Java Config aus Spring das Skalpell. Die Vorgehensweise ähnelt dem Ansatz mit dem einfachen Code, die Sie weiter vorn in diesem Kapitel kennengelernt haben, ist aber weniger unordentlich und stellt Ihnen ein Framework zur Verfügung, sodass Sie nicht alles von Hand programmieren müssen.

Bei diesem Ansatz stellen Sie Konfigurationsklassen her, die jeweils für das Konstruieren einer Gruppe von Beans verantwortlich sind, die zum Anwendungskontext hinzugefügt werden sollen.

Sie könnten zum Beispiel eine Konfigurationsklasse erzeugen, die alle Ihre Persistenz-Adapter instanziiert:

```
@Configuration
@EnableJpaRepositories
class PersistenceAdapterConfiguration {

  @Bean
  AccountPersistenceAdapter accountPersistenceAdapter(
        AccountRepository accountRepository,
        ActivityRepository activityRepository,
        AccountMapper accountMapper){
    return new AccountPersistenceAdapter(
      accountRepository,
      activityRepository,
      accountMapper);
  }

  @Bean
  AccountMapper accountMapper(){
    return new AccountMapper();
  }
}
```

Die Annotation `@Configuration` kennzeichnet diese Klasse als Konfigurationsklasse, die beim Classpath-Scannen von Spring erfasst werden soll. In diesem Fall kommt also auch wieder das Scannen des Klassenpfads zum Einsatz, allerdings picken Sie sich nur Ihre Konfigurationsklassen heraus und nicht jede einzelne Bean. Dadurch reduziert sich die Wahrscheinlichkeit, dass böse Magie auftritt.

Die Beans selbst werden innerhalb der mit `@Bean` annotierten Factory-Methoden Ihrer Konfigurationsklassen erzeugt. Im gerade gezeigten Fall fügen Sie dem Anwendungskontext einen Persistenz-Adapter hinzu. Er benötigt zwei Repositories und einen Mapper als Eingabe für seinen Konstruktor. Spring stellt diese Objekte automatisch als Eingaben für die Factory-Methoden zur Verfügung.

Doch woher bekommt Spring die Repository-Objekte? Wenn sie manuell in einer Factory-Methode einer anderen Konfigurationsklasse erzeugt wurden, dann stellt Spring sie automatisch den Factory-Methoden des gezeigten Codebeispiels als Parameter zur Verfügung. In diesem Fall allerdings wurden sie von Spring selbst hergestellt, ausgelöst durch die Annotation `@EnableJpaRepositories`. Wenn Spring Boot diese Annotation findet, dann stellt es automatisch Implementierungen für alle Spring-Data-Repository-Schnittstellen bereit, die Sie definiert haben.

Falls Sie mit Spring Boot vertraut sind, wissen Sie möglicherweise, dass Sie die Annotation `@EnableJpaRepositories` in die Hauptanwendungsklasse Ihrer eigenen Konfigurationsklasse hätten setzen können. Ja, das ist möglich, allerdings aktiviert es bei jedem Start der Anwendung JPA-Repositories, selbst wenn Sie die Anwendung in einem Test starten, der eigentlich keine Persistenz benötigt. Indem Sie also solche »Feature-Annotationen« in ein separates Konfigurationsmodul wie unsere Klasse `PersistenceAdapterConfiguration` hier verschieben, werden Sie viel flexibler und können Teile Ihrer Anwendung starten, statt immer das ganze Ding hochfahren zu müssen.

Mit der Klasse `PersistenceAdapterConfiguration` haben Sie ein eng begrenztes Persistenzmodul hergestellt, das alle Objekte instanziiert, die Sie in Ihrer Persistenzschicht benötigen. Es wird beim Scannen des Classpaths automatisch von Spring erfasst. Sie selbst haben jedoch weiterhin die volle Kontrolle darüber, welche Beans tatsächlich dem Anwendungskontext hinzugefügt werden.

Entsprechend könnten Sie Konfigurationsklassen für Web-Adapter oder für bestimmte Module in Ihrer Anwendungsschicht entwickeln. Sie können nun einen Anwendungskontext erzeugen, der bestimmte Module enthält, doch die Beans anderer Module mockt. Bei Tests sind Sie dadurch unglaublich flexibel. Sie könnten den Code der jeweiligen Module sogar in jeweils eine eigene Codebasis, ein Paket oder eine JAR-Datei schieben, ohne dass viel Refactoring nötig wäre.

Außerdem zwingt dieses Vorgehen Sie nicht, `@Component`-Annotationen über die ganze Codebasis zu verstreuen wie beim Klassenpfad-Scannen-Ansatz. Ihre Anwendungsschicht bleibt sauber, weil es keine Abhängigkeit vom Spring-Framework (oder irgendeinem anderen Framework) gibt.

Diese Lösung hat jedoch einen Haken. Wenn die Konfigurationsklasse nicht im selben Paket liegt wie die Beans, die sie erzeugt (in diesem Fall den Persistenz-Adapter), dann müssen diese Klassen öffentlich sein. Um die Sichtbarkeit zu beschränken, können Sie Pakete als Modulbegrenzungen benutzen und eine dedizierte Konfigurationsklasse in jedem Paket anlegen. Auf diese Weise können Sie allerdings keine Unterpakete benutzen, wie in *Kapitel 12, Architekturgrenzen erzwingen*, diskutiert wird.

10.5 Wie hilft Ihnen dies, wartbare Software zu entwickeln?

Spring und Spring Boot (und vergleichbare Frameworks) bieten eine Menge Features, die Ihnen das Leben erleichtern. Eines der wichtigsten ist die Fähigkeit, eine Anwendung aus den Teilen (Klassen) zusammenzubauen, die Sie als Anwendungsentwickler bereitstellen.

Das Scannen des Classpaths ist ein sehr bequemes Feature. Sie müssen Spring lediglich ein Paket zeigen und es setzt die Anwendung aus den Klassen zusammen, die es dort findet. Dies unterstützt eine schnelle Entwicklung, bei der Sie nicht über die Anwendung als Ganzes nachdenken müssen.

Wenn die Codebasis wächst, macht sich jedoch schnell der Mangel an Transparenz bemerkbar. Sie wissen nicht, welche Beans genau in den Anwendungskontext geladen werden. Außerdem können Sie nicht einfach isolierte Teile des Anwendungskontextes starten, um sie zu testen.

Durch das Erstellen einer dedizierten Konfigurationskomponente, die für das Zusammenbauen der Anwendung verantwortlich ist, können Sie Ihren Anwendungscode von dieser Verantwortung befreien (sprich: »Grund für Änderung« – erinnern Sie sich an das »S« in »SOLID«?). Zur Belohnung erhalten Sie stark zusammenhängende Module, die Sie isoliert voneinander starten und leicht innerhalb Ihrer Codebasis verschieben können. Wie üblich ist der Preis dafür die zusätzliche Zeit, die Sie zum Pflegen dieser Konfigurationskomponente aufwenden müssen.

Ich habe in diesem und dem vorangegangenen Kapitel nun viel über unterschiedliche Möglichkeiten geschrieben, wie man Dinge »auf richtige Art« tun kann. Manchmal jedoch ist »die richtige Art« nicht machbar. Im nächsten Kapitel erfahren Sie daher mehr über Abkürzungen, den Preis, den Sie dafür bezahlen, und wann es sich lohnt, sie zu nehmen.

Kapitel 11

Bewusst Abkürzungen nehmen

In der Einführung zu diesem Buch habe ich die Tatsache verflucht, dass man sich ständig gezwungen fühlt, Abkürzungen zu nehmen, womit man eine Menge technischer Schulden anhäuft, die man praktisch niemals zurückzahlen kann.

Um Abkürzungen zu vermeiden, müssen Sie in der Lage sein, diese zu erkennen. Ziel dieses Kapitels ist es daher, das Bewusstsein für einige potenzielle Abkürzungen zu wecken und ihre Auswirkungen zu diskutieren.

Mit diesen Informationen können Sie anschließend versehentliche Abkürzungen identifizieren und beheben. Oder Sie entscheiden sich bewusst dafür, eine Abkürzung zu gehen und die Folgen in Kauf zu nehmen.[1]

11.1 Wieso Abkürzungen wie eingeschlagene Fenster sind

Im Jahre 1969 führte der Psychologe *Philip Zimbardo* ein Experiment durch, um eine Theorie zu testen, die später als **Broken-Windows-Theorie** (Theorie der zerbrochenen Fenster) bekannt wurde.[2]

Sein Team parkte ein Auto ohne Nummernschild in einem Wohngebiet in der Bronx und eines in einer vorgeblich »besseren« Gegend in Palo Alto. Dann wartete man ab.

Aus dem Auto in der Bronx wurden innerhalb von 24 Stunden alle wertvollen Teile geraubt und dann begannen Passanten, es willkürlich zu zerstören.

Das Auto in Palo Alto wurde eine Woche lang nicht angerührt, sodass Zimbardos Team eine Scheibe einschlug. Ab diesem Zeitpunkt ereilte das Auto ein ähnliches Schicksal wie das Auto in der Bronx und es wurde in ebenso kurzer Zeit von vorbeigehenden Personen zerstört.

---

1 Stellen Sie sich vor, in einem Buch über das Bauwesen oder – undenkbar – in einem Buch über Luftfahrtelektronik über Abkürzungen zu sprechen! Die meisten von Ihnen entwickeln allerdings nicht das Software-Äquivalent eines Wolkenkratzers oder eines Flugzeugs. Und Software lässt sich einfacher ändern als Hardware, sodass es manchmal wirtschaftlicher ist, (bewusst) eine Abkürzung zu nehmen und dies später (oder niemals) zu reparieren.

2 Broken-Windows-Theorie: `https://www.theatlantic.com/magazine/archive/1982/03/broken-windows/304465`.

Die Leute, die am Ausrauben und Zerstören der Autos beteiligt waren, kamen aus allen gesellschaftlichen Schichten. Zu ihnen gehörten auch ansonsten gesetzestreue und in ihrem Verhalten unauffällige Bürger.

Dieses menschliche Verhalten wurde als Broken-Windows-Theorie bekannt. In meinen eigenen Worten:

Sobald etwas heruntergekommen, zerstört, [hier negatives Adjektiv einsetzen] oder allgemein ungepflegt aussieht, hat das menschliche Gehirn das Gefühl, dass es in Ordnung ist, es noch heruntergekommener, zerstörter oder [hier negatives Adjektiv einsetzen] werden zu lassen.

Diese Theorie gilt in vielen Lebensbereichen:

- In einer Wohngegend, in der Vandalismus verbreitet ist, ist die Hemmschwelle, ein vernachlässigtes Auto auszuräumen oder zu beschädigen, niedrig.
- Wenn ein Auto zerbrochene Scheiben hat, ist die Hemmschwelle, es weiter zu beschädigen, niedrig, und das selbst in einer »guten« Wohngegend.
- In einem unordentlichen Schlafzimmer ist die Hemmschwelle, die Kleidung auf den Boden zu werfen, statt sie in den Schrank zu räumen, niedrig.
- In einem Klassenraum, in dem die Schüler häufig den Unterricht unterbrechen, ist die Hemmschwelle, weiter Quatsch zu machen, niedrig.

Auf das Arbeiten mit Code angewandt, bedeutet dies:

- Wenn man mit einer qualitativ schlechten Codebasis arbeitet, ist die Hemmschwelle, weiteren qualitativ schlechten Code hinzuzufügen, niedrig.
- Wenn man an einer Codebasis mit vielen Verstößen gegen »die guten Sitten des Programmierens« arbeitet, ist die Hemmschwelle, einen weiteren Verstoß hinzuzufügen, niedrig.
- Wenn man an einer Codebasis mit vielen Abkürzungen arbeitet, ist die Hemmschwelle, eine weitere Abkürzung zu nehmen, niedrig.

Ist es angesichts all dessen wirklich eine Überraschung, dass die Qualität so vieler sogenannter »Legacy«-Codebasen im Laufe der Zeit so stark nachgelassen hat?

11.2 Die Verantwortung, sauber zu beginnen

Auch wenn das Arbeiten mit Code nicht unbedingt mit dem Ausräumen eines Autos zu vergleichen ist, sind wir doch unbewusst alle anfällig für die Psychologie hinter der Broken-Windows-Theorie. Deshalb ist es wichtig, ein Projekt sauber und mit so wenigen Abkürzungen und technischen Schulden wie möglich zu beginnen. Sobald sich nämlich eine Abkürzung einschleicht, fungiert sie wie ein eingeschlagenes Fenster und lockt weitere Abkürzungen an.

Da ein Softwareprojekt häufig ein sehr kostspieliges und lang anhaltendes Unterfangen ist, bedeutet es für Sie als Softwareentwickler eine große Verantwortung, eingeschlagene Fenster zu verhindern. Möglicherweise sind Sie nicht der- oder diejenige, der bzw. die das Projekt beendet, sondern jemand anderes übernimmt es von Ihnen. Für denjenigen handelt es sich um eine Legacy-Codebasis, zu der er noch keine Verbindung hat, sodass die Hemmschwelle für das Erschaffen kaputter Fenster noch niedriger liegt.

Es kann jedoch vorkommen, dass das Einführen einer Abkürzung eine pragmatische Entscheidung ist – sei es, weil der Code, an dem Sie arbeiten, nicht so wichtig für das Projekt als Ganzes ist, oder aus wirtschaftlichen Gründen.

Sie sollten solche bewusst hinzugefügten Abkürzungen sorgfältig dokumentieren, etwa in Form von **Architecture Decision Records (ADRs)**, wie *Michael Nygard* in seinem Blog empfiehlt.[3] Das sind Sie Ihrem künftigen Ich sowie Ihren Nachfolgern schuldig. Wenn jedes Mitglied des Teams sich dieser Dokumentation bewusst ist, verringert dies sogar den Broken-Windows-Effekt, weil die Teams wissen, dass die Abkürzungen bewusst und aus gutem Grund genommen worden sind.

In den folgenden Abschnitten wird jeweils ein Muster diskutiert, das im Hexagonalen Architekturstil als Abkürzung betrachtet werden kann. Sie werden sich die Auswirkungen der Abkürzungen sowie die Argumente, die für und gegen sie sprechen, anschauen.

11.3 Modelle zwischen Use Cases teilen

In *Kapitel 5, Einen Use Case implementieren*, habe ich argumentiert, dass unterschiedliche Use Cases unterschiedliche Ein- und Ausgangsmodelle haben sollten. Damit meinte ich, dass die Eingangsparameter und die Rückgabewerte von unterschiedlichem Typ sein sollen.

Abbildung 11.1 zeigt ein Beispiel, in dem die beiden Use Cases sich ein Eingabemodell teilen.

3 Architecture Decision Records: `https://thinkrelevance.com/blog/2011/11/15/documenting-architecture-decisions`.

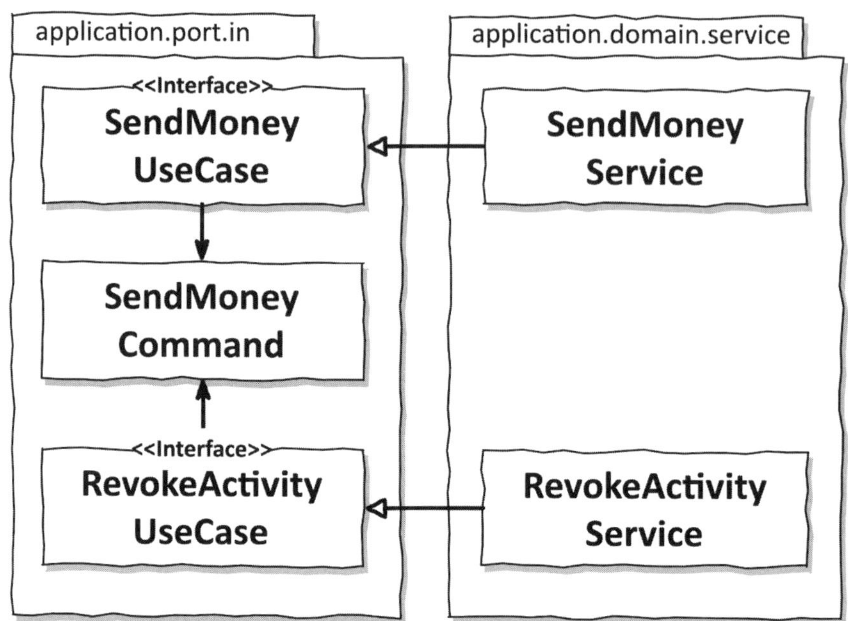

Abb. 11.1: Das Teilen des Ein- oder Ausgabemodells zwischen Use Cases führt zu einer Kopplung zwischen ihnen.

In diesem Fall führt dies dazu, dass `SendMoneyUseCase` und `RevokeActivity-UseCase` aneinander gekoppelt sind. Wenn Sie etwas in der gemeinsamen Klasse `SendMoneyCommand` verändern, sind beide Use Cases betroffen. In Bezug auf das Single-Responsibility-Prinzip (das besser in »Einziger-Grund-zur-Änderung-Prinzip« umbenannt werden sollte, wie in *Kapitel 3, Abhängigkeiten umkehren*, diskutiert wurde) teilen sie sich also einen Grund zur Änderung. Das Gleiche gilt, wenn beide Use Cases sich ein Ausgabemodell teilen.

Das Teilen von Ein- und Ausgabemodellen zwischen Use Cases ist zulässig, wenn die Use Cases funktionell gekoppelt sind, das heißt, wenn ihnen eine bestimmte Anforderung gemein ist. In diesem Fall wollen Sie natürlich, dass beide Use Cases beeinflusst werden, wenn Sie ein bestimmtes Detail ändern.

Sollten beide Use Cases in der Lage sein, sich getrennt voneinander weiterzuentwickeln, dann ist dies jedoch als Abkürzung zu betrachten. In diesem Fall sollten Sie die Use Cases von Anfang an trennen, selbst wenn das bedeutet, dass Ein- und Ausgangsklassen dupliziert werden müssen, falls sie zunächst gleich aussehen.

Wenn Sie also mehrere Use Cases rund um ein ähnliches Konzept erstellen, lohnt es sich, regelmäßig die Frage zu stellen, ob die Use Cases sich getrennt voneinander weiterentwickeln sollen. Sobald die Antwort »Ja« lautet, wird es Zeit, Ein- und Ausgabemodelle voneinander zu trennen.

11.4 Domänen-Entities als Ein- oder Ausgabemodell benutzen

Wenn Sie ein `Account`-Domänen-Entity und einen Eingangsport `SendMoneyUseCase` haben, sind Sie vielleicht versucht, das Entity als Eingangs- und/oder Ausgangsmodell des Eingangsports zu benutzen, wie Abbildung 11.2 zeigt.

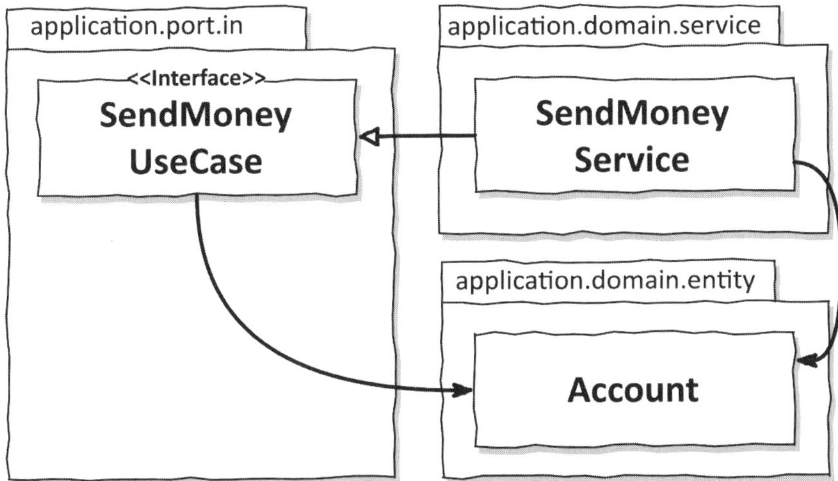

Abb. 11.2: Die Verwendung eines Domänen-Entitys als Ein- oder Ausgangsmodell eines Use Case koppelt das Domänen-Entity an den Use Case.

Der Eingangsport hat eine Abhängigkeit zum Domänen-Entity `Account`. Die Folge davon ist, dass Sie einen weiteren Grund für das `Account`-Entity hinzugefügt haben, sich zu ändern.

Warten Sie! Das `Account`-Entity hat gar keine Abhängigkeit auf dem Eingangsport `SendMoneyUseCase` (es ist andersherum). Wieso also kann der Eingangsport der Änderungsgrund für das Entity sein?

Nehmen Sie einmal an, Sie brauchen in dem Use Case Informationen, die bisher nicht in dem `Account`-Entity verfügbar sind. Diese Information hat aber eigentlich gar nichts mit dem `Account`-Entity zu tun. Nichtsdestotrotz sind Sie versucht, ein neues Feld zum `Account`-Entity hinzuzufügen, weil es in der Use-Case-Schnittstelle bereits zur Verfügung steht.

Für einfache Create- oder Update-Use-Cases kann ein Domänen-Entity in der Use-Case-Schnittstelle in Ordnung sein, da das Entity genau die Informationen enthält, die Sie benötigen, um seinen Zustand in der Datenbank zu speichern.

Sobald sich ein Use Case allerdings nicht mehr darum dreht, ein paar Felder in der Datenbank zu aktualisieren, sondern eine komplexere Domänenlogik implementiert (und potenziell einen Teil der Domänenlogik an ein »reiches« Domänen-Entity delegiert), sollten Sie für die Use-Case-Schnittstelle ein dediziertes Ein- und Ausgangsmodell benutzen, weil Sie nicht wollen, dass Änderungen an dem Use Case Änderungen am Entity nach sich ziehen.

Was diese Abkürzung so gefährlich macht, ist die Tatsache, dass viele Use Cases ihre Existenz als einfache Create- oder Update-Use-Cases starten, nur um sich dann im Laufe der Zeit zu unglaublich komplexen Monstern aus Domänenlogik weiterzuentwickeln. Das gilt vor allem für agile Umgebungen, in denen Sie mit einem MVP (minimal viable product; minimal brauchbares Produkt) beginnen, dessen Komplexität stetig wächst. Würden Sie also am Anfang ein Domänen-Entity als Eingabemodell benutzen, müssten Sie irgendwann den Zeitpunkt finden, um es durch ein dediziertes Eingabemodell zu ersetzen, das unabhängig vom Domänen-Entity ist.

11.5 Eingangsports überspringen

Während die Ausgangsports notwendig sind, um die Abhängigkeit zwischen der Anwendungsschicht und den Ausgangsadaptern umzukehren (damit die Abhängigkeiten nach innen weisen), brauchen Sie die Eingangsports nicht für die Dependency Inversion. Sie könnten entscheiden, die Eingangsadapter direkt und ohne die Eingangsports dazwischen auf Ihre Anwendung oder die Domänenservices zugreifen zu lassen, wie Abbildung 11.3 zeigt.

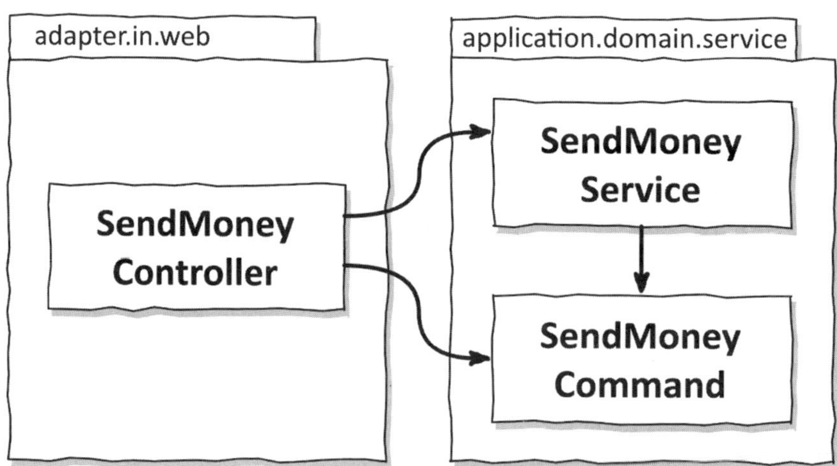

Abb. 11.3: Ohne die Eingangsports verlieren Sie die deutliche Kennzeichnung der Eintrittspunkte zur Domänenlogik.

Durch das Entfernen der Eingangsports haben Sie eine Abstraktionsebene zwischen Eingangsadaptern und der Anwendungsschicht reduziert. Das Entfernen von Abstraktionsebenen fühlt sich normalerweise ziemlich gut an.

Allerdings definieren die Eingangsports die Eintrittspunkte in Ihren Anwendungskern. Wenn Sie sie entfernen, müssen Sie mehr über die Interna Ihrer Anwendung wissen, um herauszufinden, welche Servicemethode Sie aufrufen können, um einen bestimmten Use Case zu implementieren. Indem Sie dedizierte Eingangsports vorhalten, können Sie auf einen Blick die Eintrittspunkte zur Anwendung identifizieren. Dies erleichtert es vor allem neuen Entwicklerinnen und Entwicklern, sich in der Codebasis zurechtzufinden.

Ein anderer Grund, die Eingangsports zu behalten, besteht darin, dass sie es uns erlauben, leicht eine Architektur durchzusetzen. Mit den Optionen, die Sie in *Kapitel 12, Architekturgrenzen erzwingen*, kennenlernen werden, können Sie sicherstellen, dass Eingangsadapter nur Eingangsports und keine Anwendungsservices aufrufen. Jeder Eintrittspunkt in die Anwendung wird dadurch zu einer sehr bewussten Entscheidung. Sie können nicht länger versehentlich eine Servicemethode aufrufen, die nicht dafür gedacht war, von einem Eingangsadapter aufgerufen zu werden.

Wenn eine Anwendung klein genug ist oder nur einen einzigen Eingangsadapter besitzt und Sie den ganzen Kontrollfluss ohne Hilfe von Eingangsports erfassen können, dann ist es möglich, ohne Eingangsports auszukommen. Wie oft allerdings können Sie behaupten zu wissen, dass eine Anwendung klein bleiben oder immer nur einen einzigen Eingangsadapter haben wird?!

11.6 Services überspringen

Neben den Eingangsports könnten Sie für bestimmte Use Cases beschließen, die Serviceschicht als Ganzes zu überspringen. Abbildung 11.4 zeigt dies.

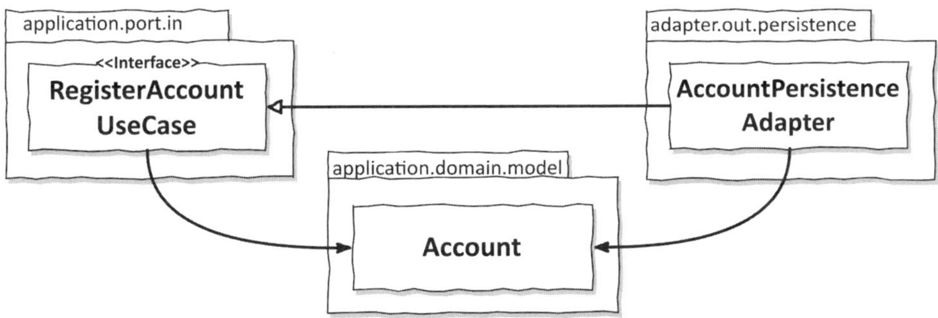

Abb. 11.4: Ohne Services haben Sie keine Repräsentation eines Use Case mehr in Ihrer Codebasis.

Hier implementiert die `AccountPersistenceAdapter`-Klasse im Ausgangsadapter direkt einen Eingangsport und ersetzt den Service, der normalerweise einen Eingangsport implementiert.

Es ist sehr verlockend, dies für simple CRUD-Use-Cases zu machen, da ein Service in diesem Fall üblicherweise nur eine Create-, Update- oder Delete-Anforderung an den Persistenz-Adapter weiterleitet, ohne irgendwelche Domänenlogik hinzuzufügen. Statt der Weiterleitung können Sie den Persistenz-Adapter den Use Case direkt implementieren lassen.

Dies erfordert allerdings ein gemeinsames Modell zwischen dem Eingangs- und dem Ausgangsadapter. In diesem Fall ist dies das `Account`-Domänen-Entity. Sie verwenden also, wie zuvor beschrieben, das Domänenmodell als Eingangsmodell.

Darüber hinaus haben Sie keine Repräsentation des Use Case mehr in Ihrem Anwendungskern. Wenn ein CRUD-Use-Case im Laufe der Zeit zu etwas Komplexerem anwächst, ist es verlockend, direkt in den Ausgangsadapter Domänenlogik einzubauen, da der Use Case hier bereits implementiert wurde. Dies dezentralisiert die Domänenlogik, die dadurch schwerer zu finden und zu pflegen ist.

Um am Ende Boilerplate-Services zu vermeiden, die einfach nur etwas an die Datenbank durchreichen, könnten Sie entscheiden, die Services für einfache CRUD-Use-Cases tatsächlich wegzulassen. Dann sollte das Team allerdings auch klare Richtlinien entwickeln, um einen Service einzuführen, sobald ein Use Case mehr machen soll, als lediglich ein Entity zu erzeugen, zu aktualisieren oder zu löschen.

11.7 Wie hilft Ihnen dies, wartbare Software zu entwickeln?

Manchmal sind Abkürzungen aus wirtschaftlicher Sicht durchaus sinnvoll. Dieses Kapitel bot ihnen einige Einblicke in die Konsequenzen, die einige Abkürzungen haben könnten, sodass Sie künftig besser entscheiden können, ob Sie sie riskieren sollten.

Die Diskussion zeigte, dass es verlockend ist, Abkürzungen für einfache CRUD-Use-Cases einzuführen, da es übertrieben wirkt, für sie die ganze Architektur zu implementieren (und die Abkürzungen sich nicht wie Abkürzungen anfühlen). Da alle Anwendungen jedoch einmal klein anfangen, ist es wichtig, dass das Team sich einig ist, wann ein Use Case über den CRUD-Zustand hinauswächst. Nur dann kann das Team die Abkürzungen durch eine Architektur ersetzen, die auf lange Sicht besser wartbar ist.

Manche Use Cases werden ihren CRUD-Zustand niemals verlassen. Für sie könnte es pragmatischer sein, die Abkürzungen für immer zu behalten, da diese kaum einen Wartungs-Overhead verursachen.

In jedem Fall sollten Sie die Architektur und die Entscheidungen, weshalb Sie sich für eine bestimmte Abkürzung entschieden haben, dokumentieren, damit Sie (oder Ihre Nachfolger) die Entscheidungen später erneut unter die Lupe nehmen können.

Obwohl Abkürzungen gelegentlich akzeptabel sind, müssen Sie die Entscheidung, welche zu benutzen, bewusst treffen. Das bedeutet, dass Sie eine »richtige« Art und Weise definieren müssen, wie Dinge zu erledigen sind. Diese Art und Weise müssen Sie dann durchsetzen, damit Sie von diesem Weg abweichen können, wenn es dafür gute Gründe gibt. Im nächsten Kapitel schauen Sie sich einige Möglichkeiten an, Ihre Architektur zu erzwingen.

Kapitel 12

Architekturgrenzen erzwingen

In den vorangegangenen Kapiteln haben Sie viel über Architektur erfahren. Es fühlt sich gut an, eine Zielarchitektur zu haben, die Sie in Ihren Entscheidungen leitet, wie Sie Code gestalten und organisieren sollten.

Allerdings neigt Architektur in jedem größeren Softwareprojekt zum Erodieren. Grenzen zwischen den Schichten werden schwächer, das Testen von Code wird schwieriger und man braucht im Allgemeinen immer mehr Zeit, um ein neues Feature zu implementieren.

Dieses Kapitel diskutiert Maßnahmen, mit denen Sie Grenzen in der Architektur erzwingen und durchsetzen und somit die Erosion der Architektur bekämpfen können.

12.1 Grenzen und Abhängigkeiten

Bevor es um verschiedene Möglichkeiten geht, Architekturgrenzen zu erzwingen, sollten Sie sich anschauen, wie die Grenzen innerhalb Ihrer Architektur liegen und was es tatsächlich bedeutet, eine **Grenze zu erzwingen**.

Abbildung 12.1 zeigt, wie die Elemente Ihrer Hexagonalen Architektur über vier Schichten verteilt sein können, sodass das Ganze dem generischen Ansatz der Clean Architecture ähnelt, der in *Kapitel 3, Abhängigkeiten umkehren*, vorgestellt wurde.

Die innerste Schicht enthält Domänen-Entities und -Services. Die Anwendungsschicht, die um diese Schicht herum liegt, kann auf diese Entities und Services zugreifen, um einen Use Case zu implementieren. Normalerweise geschieht dies über einen Anwendungsservice. Adapter greifen durch Eingangsports auf diese Services zu oder werden durch Ausgangsports von diesen Services angesprochen. Die Konfigurationsschicht schließlich enthält Factories, die Adapter- und Serviceobjekte erzeugen, und stellt diesen einen Dependency-Injection-Mechanismus zur Verfügung.

Die Architekturgrenzen sind in der Abbildung relativ klar zu erkennen. Es gibt eine Grenze zwischen jeder Schicht und ihrem jeweils inneren und äußeren Nachbarn. Entsprechend der Abhängigkeitsregel müssen Abhängigkeiten, die eine solche Schichtgrenze überschreiten, immer nach innen weisen.

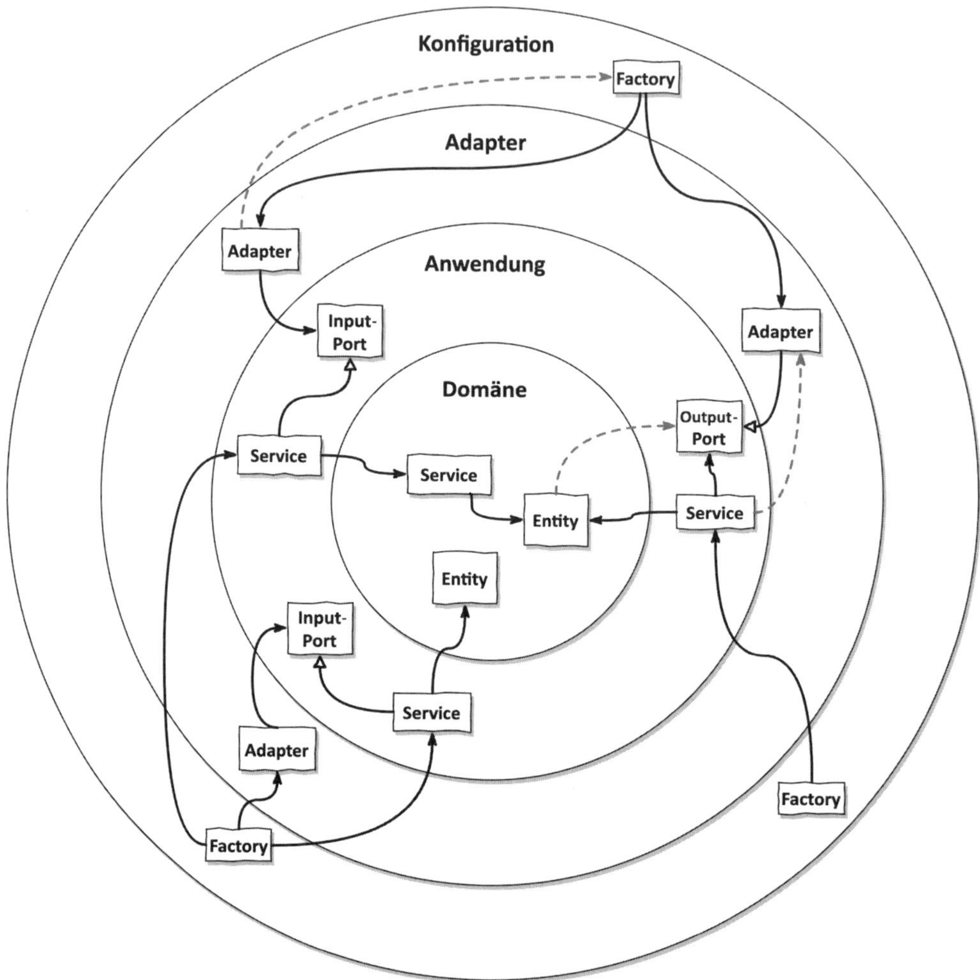

Abb. 12.1: Das Erzwingen von Architekturgrenzen bedeutet, sicherzustellen, dass Abhängigkeiten in die richtige Richtung weisen (die gestrichelten Pfeile kennzeichnen Abhängigkeiten, die laut Ihrer Architektur nicht erlaubt sind).

Dieses Kapitel diskutiert einige Möglichkeiten, die Abhängigkeitsregel durchzusetzen. Sie wollen sicherstellen, dass es keine illegalen Abhängigkeiten gibt, die in die falsche Richtung zeigen (gestrichelte Pfeile in der Abbildung).

12.2 Modifier für die Sichtbarkeit

Beginnen Sie mit dem grundlegendsten Werkzeug, das objektorientierte Sprachen im Allgemeinen und Java im Besonderen Ihnen zur Verfügung stellen, um Grenzen zu erzwingen: **Sichtbarkeits-Modifier**.

Sichtbarkeits-Modifier sind in nahezu jedem Einsteiger-Vorstellungsgespräch, das ich halte, ein Thema. Ich frage die Bewerber immer, welche Sichtbarkeits-Modifier Java zur Verfügung stellt und welche Unterschiede es zwischen diesen gibt.

Die meisten Bewerber nennen nur die Modifier `public`, `protected` und `private`. Nur wenige kennen den **package-private-** (oder `default`-) Modifier. Für mich ist das immer eine willkommene Gelegenheit, einige Fragen darüber zu stellen, wieso ein solcher Sichtbarkeits-Modifier sinnvoll sein könnte. Damit möchte ich feststellen, ob die Bewerber in der Lage sind, aus ihrem bisherigen Wissen zu abstrahieren.

Warum also ist der package-private-Modifierso wichtig? Er ist es, weil er es Ihnen erlaubt, Java-Pakete zu benutzen, um Klassen zu zusammenhängenden »Modulen« zu gruppieren. Klassen in einem solchen Modul können aufeinander zugreifen, sind aber von außerhalb des Pakets nicht erreichbar. Man kann dann entscheiden, spezielle Klassen öffentlich zu machen, damit sie als Eintrittspunkte in das Modul dienen. Dies verringert das Risiko, versehentlich die Abhängigkeitsregel zu verletzen, indem man eine Abhängigkeit einführt, die in die falsche Richtung zeigt. Werfen Sie erneut einen Blick auf die Paketstruktur, die in *Kapitel 4, Code organisieren*, diskutiert wurde, dieses Mal jedoch mit Sichtbarkeits-Modifiern im Hinterkopf:

```
buckpal
├── adapter
|   ├── in
|   |   └── web
|   |       └── o SendMoneyController
|   └── out
|       └── persistence
|           ├── o AccountPersistenceAdapter
|           └── o SpringDataAccountRepository
├── application
|   ├── domain
|   |   ├── model
|   |   |   ├── + Account
|   |   |   └── + Activity
|   |   └── service
|   |       └── o SendMoneyService
|   └── port
|       ├── in
|       |   └── + SendMoneyUseCase
|       └── out
|           └── + UpdateAccountStatePort
└── common
```

Sie können die Klassen im `persistence`-Paket package-private machen (im obigen Baum ist dies mit o gekennzeichnet), weil auf sie nicht von außen zugegriffen werden muss. Auf den Persistenz-Adapter wird ausschließlich durch die Ausgangsports zugegriffen, sodass es einem Aufrufer egal ist, welche Klassen diese Ports implementieren. Aus dem gleichen Grund können Sie die `SendMoneyService`-Klasse package-private machen. Dependency-Injection-Mechanismen nutzen üblicherweise Reflection, um Klassen zu instanziieren. Diese Mechanismen sind also weiterhin in der Lage, diese Klassen zu instanziieren, selbst wenn sie package-private sind.

Bei Spring funktioniert dieses Vorgehen hingegen nur, wenn Sie das Classpath-Scanning einsetzen, das Sie in *Kapitel 10, Die Anwendung zusammensetzen*, kennengelernt haben, da die anderen Vorgehensweisen von Ihnen verlangen, dass Sie die Instanzen dieser Objekte selbst erzeugen, was einen `public` Zugriff erfordert.

Die restlichen Klassen in dem Beispiel müssen öffentlich sein (mit + gekennzeichnet), wie von Ihrer Architektur definiert wird: Das `domain`-Paket muss von den anderen Schichten aus erreichbar sein und die `application`-Schicht mit ihren Ports muss von den `web`- und `persistence`-Adaptern erreichbar sein.

Der Package-private-Modifier ist für kleine Module mit nur einer Handvoll an Klassen ein fantastisches Hilfsmittel. Sobald ein Paket allerdings eine bestimmte Anzahl an Klassen erreicht, wird es verwirrend, so viele Klassen im selben Paket zu haben. In diesem Fall lege ich gern Unterpakete an, damit der Code leichter aufzufinden ist (und, zugegebenermaßen, um meinen Sinn für Ästhetik zu befriedigen). Hier ist der Package-private-Modifikator nicht mehr geeignet, da Java Unterpakete als unterschiedliche Pakete behandelt und man nicht auf eine Package-private-Klasse eines Unterpakets zugreifen kann. Elemente in Unterpaketen müssen also `public` sein, damit sie für übergeordnete Pakete sichtbar werden. Ihre Architektur wird damit anfällig für illegale Abhängigkeiten.

12.3 Fitnessfunktion nach dem Kompilieren

Sobald Sie den Public-Modifier an einer Klasse einsetzen, erlaubt der Compiler jeder anderen Klasse, sie zu benutzen, selbst wenn die Abhängigkeit laut Ihrer Architektur in die falsche Richtung weist.

Da der Compiler Ihnen also in diesen Fällen keine große Hilfe ist, um ungewollte Abhängigkeiten aufzudecken, müssen Sie andere Mittel finden, um zu prüfen, dass die Abhängigkeitsregel nicht verletzt wurde.

Eine Möglichkeit ist das Einführen einer **Fitnessfunktion** – einer Funktion, die Ihre Architektur als Eingabe entgegennimmt und in Bezug auf einen bestimmten Aspekt ihre Fitness ermittelt. In diesem Fall ist *Fitness* definiert als *die Abhängigkeitsregel wird nicht verletzt*.

Idealerweise führt der Compiler eine Fitnessfunktion während der Kompilierung aus, wenn das aber fehlt, können Sie eine solche Funktion auch zur Laufzeit ausführen, nachdem der Code bereits kompiliert wurde. Solche Laufzeittests erfolgen am besten während der automatisierten Tests innerhalb eines Continuous Integration-Builds.

Ein Werkzeug, das diese Art von architektonischer Fitnessfunktion für Java unterstützt, ist **ArchUnit**.[1] Unter anderem stellt ArchUnit eine API zur Verfügung, über die sich prüfen lässt, ob die Abhängigkeiten in die richtige Richtung weisen. Findet das Werkzeug einen Verstoß, wirft es eine Ausnahme. Am besten führt man es aus einem Test heraus aus, der auf einem Unit-Test-Framework basiert, wie JUnit. Im Fall eines Abhängigkeitsverstoßes würde der ganze Test fehlschlagen.

Mit ArchUnit prüfen Sie nun die Abhängigkeiten zwischen Ihren Schichten, wobei angenommen wird, dass jede Schicht ihr eigenes Paket hat, wie in der Paketstruktur aus dem vorherigen Abschnitt definiert wurde. Sie können zum Beispiel prüfen, dass es keine Abhängigkeit aus dem Domänenmodell auf irgendetwas außerhalb des Domänenmodells gibt:

```
class DependencyRuleTests {

  @Test
  void domainModelDoesNotDependOnOutside() {
    noClasses()
        .that()
        .resideInAPackage("buckpal.application.domain.model..")
        .should()
        .dependOnClassesThat()
        .resideOutsideOfPackages(
                "buckpal.application.domain.model..",
                "lombok..",
                "java..")
        .check(new ClassFileImporter()
            .importPackages("buckpal.."));
  }
}
```

Diese Regel implementiert eine Fitnessfunktion, die in Abbildung 12.2 visualisiert wird.

Das Problem mit der gerade gezeigten Regel ist, dass Sie für jede Abhängigkeit, die Sie erlauben möchten, eine Ausnahme hinzufügen müssten (wie ich es im Beispiel mit `lombok` und `java` gemacht habe), falls Sie im Domänenmodell irgendwelche Bibliotheken benutzen. In *Kapitel 14, Ein komponentenbasierter Ansatz für die Softwarearchitektur*, werden Sie eine Regel kennenlernen, die dieses Problem nicht besitzt.

1 ArchUnit: `https://github.com/TNG/ArchUnit`.

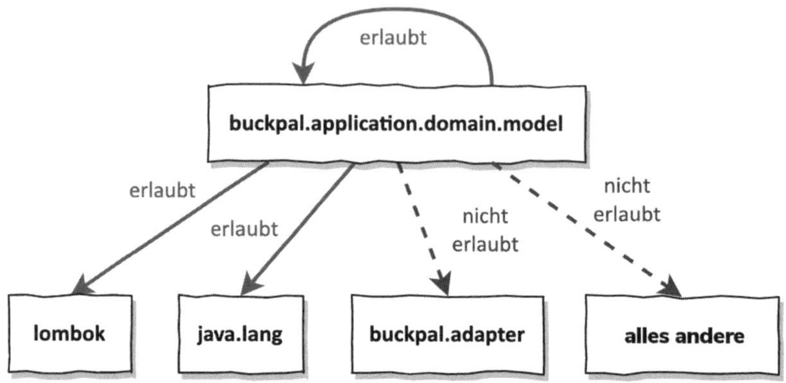

Abb. 12.2: Ihr Domänenmodell darf auf sich selbst sowie einige Bibliothekspakete zugreifen, nicht jedoch auf Code in anderen Paketen, zum Beispiel die Pakete, die Ihre Adapter enthalten (inspiriert von den Diagrammen auf `https://www.archunit.org/use-cases`).

Mit ein bisschen Arbeit können Sie sogar eine Art von **domänenspezifischer Sprache** (**Domain-Specific Language**; **DSL**) auf der ArchUnit-API erschaffen, die es Ihnen erlaubt, alle relevanten Pakete innerhalb Ihrer Hexagonalen Architektur anzugeben und dann automatisch zu prüfen, ob alle Abhängigkeiten zwischen diesen Paketen in die richtige Richtung zeigen:

```
class DependencyRuleTests {

  @Test
  void validateHexagonalArchitecture() {
    HexagonalArchitecture.basePackage("buckpal")
        .withApplicationLayer("application")
            .domainModel("domain.model")
            .services("domain.service")
            .incomingPorts("port.in")
            .outgoingPorts("port.out")
            .and()
        .withAdaptersLayer("adapter")
          .incoming("in.web")
          .outgoing("out.persistence")
          .and()
        .withConfiguration("configuration")
        .check(new ClassFileImporter()
            .importPackages("buckpal.."));
  }
}
```

In diesem Codebeispiel geben Sie zuerst das Elternpaket Ihrer Anwendung an. Dann kommen die Unterpakete für die Domäne, Adapter, Anwendungs- und Konfigurationsschichten. Der Aufruf von `check()` am Ende führt dann eine Reihe von Tests durch, mit denen verifiziert wird, dass die zuvor definierten Regeln nicht verletzt werden. Der Code für diese Hexagonale-Architektur-DSL steht auf GitHub zur Verfügung, falls Sie ein bisschen damit herumspielen wollen.[2]

Prüfungen, die nach dem Kompilieren erfolgen, können zwar eine große Hilfe beim Bekämpfen von illegalen Abhängigkeiten sein, sie sind allerdings nicht vollkommen zuverlässig. Hätten Sie zum Beispiel im gezeigten Code den Namen `buckpal` falsch geschrieben, dann hätte der Test keine Klassen und entsprechend keine Verstöße gegen die Abhängigkeitsregel gefunden. Ein einziger Tippfehler oder, noch wichtiger, ein einziges beim Refactoring umbenanntes Paket kann den ganzen Test ins Leere laufen lassen. Sie sollten danach streben, diese Tests Refactoring-sicher zu machen, oder zumindest dafür sorgen, dass sie fehlschlagen, wenn ein Refactoring sie beeinflusst hat. Im gezeigten Beispiel können Sie den Test fehlschlagen lassen, wenn zum Beispiel eines der erwähnten Pakete nicht existiert (etwa weil es umbenannt wurde).

12.4 Build-Artefakte

Bisher waren Pakete Ihre einzigen Werkzeuge zum Kennzeichnen von Architekturgrenzen in Ihrem Code. Der gesamte Code war Teil desselben monolithischen Build-Artefakts.

Ein Build-Artefakt ist das Ergebnis eines (hoffentlich automatisierten) Build-Prozesses. Die beliebtesten Build-Werkzeuge in der Java-Welt sind momentan Maven und Gradle. Bisher hätten Sie also ein einziges Maven- oder Gradle-Build-Skript gehabt und dann Maven oder Gradle aufgerufen, um den Code Ihrer Anwendung zu kompilieren, zu testen und in eine einzelne JAR-Datei zu verpacken.

Ein Hauptmerkmal von Build-Werkzeugen ist die Auflösung von Abhängigkeiten. Um eine bestimmte Codebasis in ein Build-Artefakt umzuwandeln, prüft ein Build-Werkzeug zuerst, ob all die Artefakte, von denen die Codebasis abhängig ist, verfügbar sind. Ist dies nicht der Fall, versucht es, diese aus einem Artefakt-Repository zu laden. Falls dies nicht funktioniert, scheitert der Build mit einem Fehler, bevor er überhaupt versucht, den Code zu kompilieren.

Man kann dies ausnutzen, um die Abhängigkeiten zwischen den Modulen und Schichten Ihrer Architektur (und damit die Grenzen) zu erzwingen. Für all diese Module oder Schichten erzeugen Sie dafür jeweils ein eigenes Build-Modul mit

2 Hexagonal Architecture DSL for ArchUnit: `https://github.org/thombergs/buckpal/blob/master/src/test/java/io/reflectoring/buckpal/archunit/HexagonalArchitecture.java`.

seiner eigenen Codebasis und seinem eigenen Build-Artefakt (JAR-Datei) als Ergebnis. Im Build-Skript jedes einzelnen Moduls geben Sie nur die Abhängigkeiten zu anderen Modulen an, die entsprechend Ihrer Architektur erlaubt sind. Entwickler können so nicht mehr versehentlich illegale Abhängigkeiten erzeugen, weil die Klassen im Classpath gar nicht mehr verfügbar sind und es Kompilierfehler geben würde.

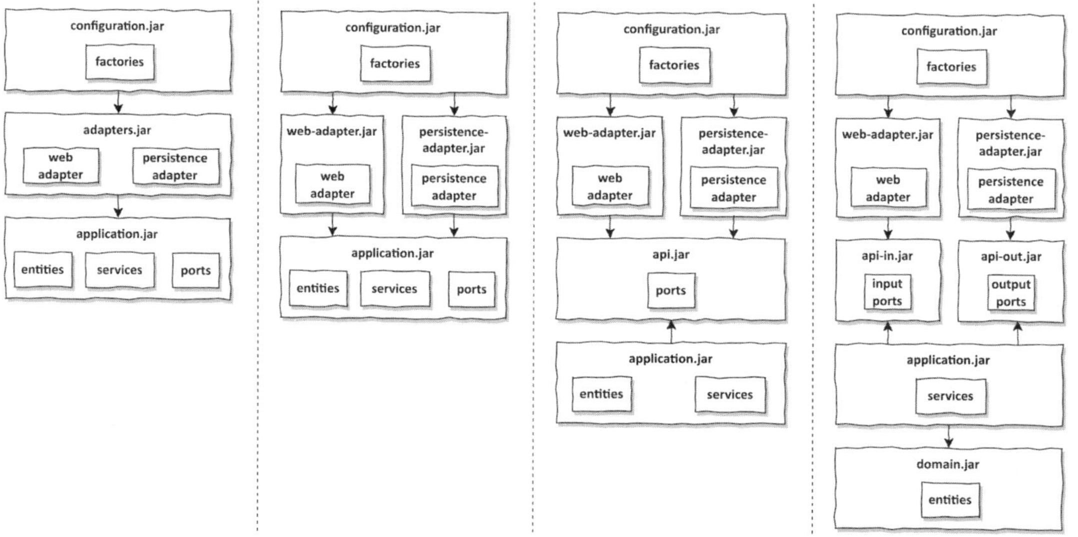

Abb. 12.3: Unterschiedliche Möglichkeiten, Ihre Architektur in mehrere Build-Artefakte aufzuteilen, um illegale Abhängigkeiten zu verhindern

Abbildung 12.3 zeigt eine unvollständige Menge an Optionen zum Zerlegen Ihrer Architektur in separate Build-Artefakte.

Ganz links sehen Sie einen einfachen, aus drei Modulen bestehenden Build mit einem eigenen Build-Artefakt jeweils für die Konfigurations-, Adapter- und Anwendungsschichten. Das `configuration`-Modul kann auf das `adapters`-Modul zugreifen, das wiederum auf das `application`-Modul zugreifen kann. Aufgrund der impliziten, transitiven Abhängigkeit zwischen ihnen kann das Konfigurationsmodul auch auf das Anwendungsmodul zugreifen. Das Adaptermodul enthält den `web`-Adapter sowie den `persistence`-Adapter. Das bedeutet, dass das Build-Werkzeug Abhängigkeiten zwischen diesen Adaptern nicht verhindert. Während Abhängigkeiten zwischen diesen Adaptern laut der Abhängigkeitsregel nicht streng verboten sind (da beide Adapter sich innerhalb derselben äußeren Schicht befinden), ist es in den meisten Fällen vernünftig, Adapter voneinander zu isolieren. Sie möchten schließlich nicht, dass Änderungen in der Persistenzschicht in die Webschicht durchsickern und umgekehrt (denken Sie an das Single-

Responsibility-Prinzip!). Das gilt übrigens auch für andere Arten von Adaptern, wie etwa Adapter, die Ihre Anwendung mit einer bestimmten Drittanbieter-API verbinden. Sie möchten nicht, dass Details aus dieser API in andere Adapter eindringen, indem Sie versehentlich Abhängigkeiten zwischen Adaptern einführen.

Das bedeutet, Sie könnten das einzelne Adaptermodul in mehrere Build-Module, die jeweils für einen Adapter zuständig sind, aufteilen. Dies ist in der zweiten Spalte von Abbildung 12.3 zu sehen.

Als Nächstes könnten Sie entscheiden, das Anwendungsmodul weiter zu zerlegen. Momentan enthält es die Eingangs- und Ausgangsports Ihrer Anwendung, die Services, die diese Ports implementieren oder benutzen, und die Domänen-Entities, die einen Großteil Ihrer Domänenlogik enthalten sollten.

Falls Sie entscheiden, dass Ihre Domänen-Entities nicht als Transferobjekte innerhalb Ihrer Ports benutzt werden sollen (das heißt, falls Sie die No-Mapping-Strategie aus *Kapitel 9, Mapping über Grenzen hinweg*, verhindern wollen), können Sie das Dependency-Inversion-Prinzip anwenden und ein separates `api`-Modul herausziehen, das nur die Portschnittstellen enthält (die dritte Spalte in Abbildung 12.3). Die `adapter`-Module und das `application`-Modul dürfen auf das `api`-Modul zugreifen, andersherum ist das nicht erlaubt. Das `api`-Modul hat keinen Zugriff auf die Domänen-Entities und kann sie nicht innerhalb der Portschnittstellen benutzen. Auch die Adapter haben keinen direkten Zugriff mehr auf die Entities und Services, müssen also durch die Ports gehen.

Sie können sogar noch einen Schritt weiter gehen und das `api`-Modul in zwei Teile zerlegen, von denen der eine Teil nur die Eingangsports und der andere Teil nur die Ausgangsports enthält (die vierte Spalte in Abbildung 12.3). Auf diese Weise können Sie ganz klar herausstellen, ob ein bestimmter Adapter ein Eingangsadapter oder ein Ausgangsadapter ist, indem Sie eine Abhängigkeit nur auf dem Eingangs- oder Ausgangsport deklarieren.

Auch das Anwendungsmodul lässt sich noch weiter aufteilen: in ein Modul, das nur die Services enthält, und ein anderes Modul, in dem sich nur das Domänenmodell befindet. Dies sorgt dafür, dass das Domänenmodell nicht auf die Services zugreift, und es würde es anderen Anwendungen (mit anderen Use Cases und damit anderen Services) erlauben, dasselbe Domänenmodell zu benutzen. Man erklärt dazu einfach eine Abhängigkeit auf das Domänen-Build-Artefakt.

Abbildung 12.3 verdeutlicht, dass es viele unterschiedliche Möglichkeiten gibt, eine Anwendung in Build-Module zu zerlegen, und natürlich gibt es mehr als die vier in der Abbildung dargestellten Wege. Das Wesentliche hier ist: Je feiner Sie Ihre Module zuschneiden, umso stärker können Sie die Abhängigkeiten zwischen ihnen kontrollieren. Je feiner Sie sie zuschneiden, umso mehr Mapping gibt es allerdings auch zwischen diesen Modulen, sodass eine der Mapping-Strategien aus *Kapitel 9, Mapping über Grenzen hinweg*, notwendig wird.

Abgesehen davon hat das Markieren der Architekturgrenzen mit Build-Modulen eine Reihe von Vorteilen gegenüber der Verwendung einfacher Pakete als Grenzen:

1. Erstens hassen Build-Werkzeuge zirkuläre Abhängigkeiten. Zirkuläre Abhängigkeiten sind schlecht, weil mindestens zwei Module eine gegenseitige Abhängigkeit besitzen und Änderung in einem Modul automatisch Änderungen in dem anderen Modul mit sich zieht. Dies ist ein Verstoß gegen das Single-Responsibility-Prinzip. Build-Werkzeuge lassen zirkuläre Abhängigkeiten nicht zu, weil sie beim Auflösen der Abhängigkeiten in eine Endlosschleife geraten würden. Das heißt, Sie können sicher sein, dass es zwischen Ihren Build-Modulen keine zirkulären Abhängigkeiten gibt.

   Dem Java-Compiler dagegen ist es egal, wenn es eine zirkuläre Abhängigkeit zwischen zwei oder mehr Paketen gibt.

2. Zweitens erlauben Build-Module isolierte Codeänderungen innerhalb bestimmter Module, ohne dass man die anderen Module berücksichtigen muss. Stellen Sie sich vor, Sie müssen ein großes Refactoring in der Anwendungsschicht vornehmen, das temporäre Kompilierfehler in einem bestimmten Adapter verursacht. Befinden sich die Adapter und die Anwendungsschicht im selben Build-Modul, könnten einige IDEs darauf bestehen, dass alle Kompilierfehler in den Adaptern behoben werden müssen, bevor Sie Tests in der Anwendungsschicht durchführen können, selbst wenn die Tests die Adapter gar nicht zum Kompilieren benötigen. Liegt die Anwendungsschicht in ihrem eigenen Build-Modul, kümmert sich die IDE dagegen in diesem Augenblick nicht um die Adapter und Sie können die Tests der Anwendungsschicht nach Belieben laufen lassen. Das gilt auch für die Ausführung eines Build-Prozesses mit Maven oder Gradle: Falls beide Schichten sich im selben Build-Modul befinden, würde der Build bei Kompilierfehlern in einer der Schichten fehlschlagen.

   Mehrere Build-Module erlauben also isolierte Änderungen in den einzelnen Modulen. Sie könnten die Module sogar in jeweils eigene Code-Repositories legen, sodass die verschiedenen Module von unterschiedlichen Teams gepflegt werden könnten.

3. Und wenn schließlich jede Abhängigkeit zwischen Modulen ausdrücklich im Build-Skript deklariert ist, wird das Hinzufügen einer neuen Abhängigkeit zu einem bewussten Akt und ist nicht einfach nur ein Unfall. Entwickler und Entwicklerinnen, die Zugriff auf eine bestimmte Klasse benötigen, auf die sie momentan nicht zugreifen können, denken hoffentlich über die Frage nach, ob die Abhängigkeit wirklich vernünftig und sinnvoll ist, bevor sie diese in das Build-Skript einfügen.

Diese Vorteile bringen allerdings zusätzlichen Aufwand und Kosten für die Pflege eines Build-Skripts mit sich. Die Architektur sollte also einigermaßen stabil sein, bevor Sie beginnen, sie in verschiedene Build-Module zu zerlegen.

Darüber hinaus werden Build-Module im Laufe der Zeit starrer gegenüber Änderungen. Wenn man sich einmal entschieden hat, bleibt man üblicherweise bei den anfangs definierten Modulen. War die Zerlegung nicht vollkommen richtig, ist es also relativ unwahrscheinlich, dass dies später korrigiert wird, weil dies einen zusätzlichen Aufwand beim Refactoring bedeuten würde. Das Refactoring ist leichter, wenn der gesamte Code sich in einem einzigen Build-Modul befindet.

12.5 Wie hilft Ihnen dies, wartbare Software zu entwickeln?

Softwarearchitektur dreht sich im Prinzip vor allem um das Verwalten von Abhängigkeiten zwischen den Elementen der Architektur. Wenn die Abhängigkeiten ein »Big Ball of Mud« werden, dann ist die Architektur schwer wartbar.

Zum Schutz der Architektur müssen Sie deshalb immer wieder prüfen und sicherstellen, dass die Abhängigkeiten in die richtige Richtung zeigen.

Wenn Sie neuen Code schreiben oder für vorhandenen Code ein Refactoring durchführen, sollten Sie die Paketstruktur berücksichtigen und nach Möglichkeit eine package-private Sichtbarkeit verwenden. So vermeiden Sie Abhängigkeiten auf Klassen, die nicht von außerhalb des Pakets erreichbar sein sollten.

Falls Sie Architekturgrenzen innerhalb eines einzelnen Build-Moduls durchsetzen müssen und der Package-private-Modifikator nicht funktioniert, weil die Paketstruktur das nicht zulässt, können Sie Werkzeuge einsetzen, die nach dem Kompilieren tätig werden, wie etwa ArchUnit.

Immer wenn Sie das Gefühl haben, dass die Architektur stabil genug ist, sollten Sie Architekturelemente in ihre eigenen Build-Module auslagern, weil Sie damit bessere Kontrolle über die Abhängigkeiten erlangen.

Alle drei Vorgehensweisen können kombiniert werden, um Architekturgrenzen zu erzwingen und damit die Wartbarkeit der Codebasis über die Zeit zu gewährleisten.

Im nächsten Kapitel beschäftigen Sie sich weiter mit Architekturgrenzen, allerdings aus einer anderen Perspektive. Sie werden sich anschauen, wie Sie mehrere Domänen (oder »Bounded Contexts«) in derselben Anwendung verwalten, während Sie gleichzeitig die Grenzen zwischen ihnen aufrechterhalten.

Kapitel 13

Mehrere Bounded Contexts verwalten

Viele Anwendungen bestehen aus mehr als einer Domäne oder, um bei der Terminologie des Domain-Driven Design zu bleiben, aus mehr als einem **Bounded Context**. Der Begriff impliziert, dass es Grenzen zwischen den unterschiedlichen Domänen (»Kontexten«) geben soll. Wenn Sie keine Grenzen zwischen den Domänen haben, gibt es keine Einschränkungen in Bezug auf die Abhängigkeiten zwischen den Klassen in diesen Domänen. Die Abhängigkeiten zwischen den Domänen vermehren sich über die Zeit und koppeln die Domänen eng aneinander. Diese Kopplung wiederum bedeutet, dass die Domänen sich nicht mehr unabhängig voneinander weiterentwickeln können. Sie hätten also auch gleich von vornherein darauf verzichten können, den Code aufzuteilen!

Das unabhängige Weiterentwickeln der Domänen ist der eigentliche Grund für das Aufteilen des Codes in unterschiedliche Domänen. Damit wird dem Single-Responsibility-Prinzip gefolgt, das in *Kapitel 3, Abhängigkeiten umkehren*, vorgestellt wurde. Allerdings geht es hier nicht um die Verantwortlichkeiten einer einzelnen Klasse, sondern um die Verantwortlichkeiten einer ganzen Gruppe von Klassen, die einen Bounded Context bilden. Wenn sich die Verantwortlichkeiten eines Bounded Context ändern, wollen Sie nicht auch den Code für andere Bounded Contexts ändern müssen!

Das Aufrechterhalten klarer Grenzen zwischen den Kontexten ist eine der großen Herausforderungen der Softwareentwicklung. Viele der Ärgernisse, die Entwicklerinnen und Entwickler mit sogenannter »Legacy«-Software verbinden, haben ihren Ursprung in unklaren Grenzen. Und leider muss gar nicht viel Zeit vergehen, bis Software einen »Legacy«-Status erreicht.

Es überrascht daher (zumindest rückblickend) nicht, dass viele Leser der ersten Auflage dieses Buches mich gefragt haben, wie man mehrere Bounded Contexts mit einer Hexagonalen Architektur verwaltet. Leider ist die Antwort nicht ganz so einfach. Wie so oft gibt es dafür mehrere Möglichkeiten und keine von ihnen ist per se richtig oder falsch. Diskutieren wir also gemeinsam, wie sich Kontextgrenzen einrichten lassen.

13.1 Ein Hexagon pro Bounded Context?

Wenn man mit einer Hexagonalen Architektur und mehreren Bounded Contexts arbeitet, ist man reflexartig versucht, ein separates »Hexagon« pro Bounded Context anzulegen. Das Ergebnis würde ungefähr so aussehen wie in Abbildung 13.1.

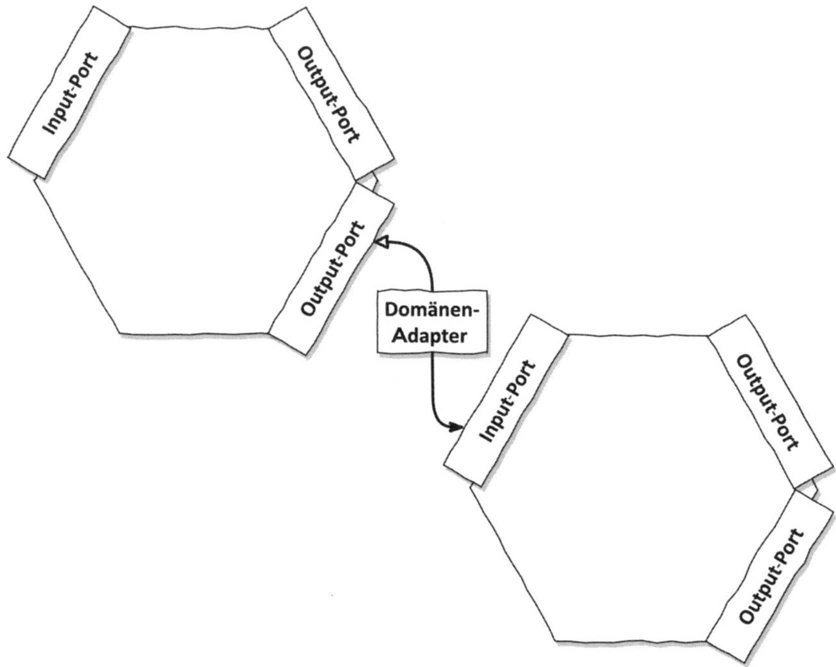

Abb. 13.1: Wenn jeder Bounded Context als eigenes Hexagon implementiert würde, bräuchten Sie einen Ausgangsport, einen Adapter und einen Eingangsport für jede Kommunikationsstrecke zwischen den Bounded Contexts.

Jeder Bounded Context lebt in seinem eigenen Hexagon, das Eingangsports bereitstellt, um mit ihm zu interagieren, sowie Ausgangsports nutzt, um den Kontakt zur Außenwelt herzustellen.

Idealerweise müssen die Bounded Contexts überhaupt nicht miteinander reden, sodass es gar keine Abhängigkeiten zwischen den beiden gibt. In der realen Welt jedoch ist das selten der Fall. Nehmen Sie einmal an, dass der Bounded Context auf der linken Seite eine Funktionalität des Bounded Context auf der rechten Seite aufrufen muss.

Wenn Sie die Architekturelemente verwenden, die diese Hexagonale Architektur Ihnen zur Verfügung stellt, fügen Sie in den ersten Kontext einen Ausgangsport und in den zweiten einen Eingangsport ein. Dann erzeugen Sie einen Adapter, der den Ausgangsport implementiert, das erforderliche Mapping vornimmt und den Eingangsport des zweiten Bounded Contexts aufruft.

Problem gelöst, oder?

Auf dem Papier sieht das tatsächlich wie eine sehr saubere Lösung aus. Die Bounded Contexts sind optimal voneinander getrennt. Die Abhängigkeiten zwischen ihnen sind klar in Form von Ports und Adaptern strukturiert. Neue Abhängigkeiten zwischen Bounded Contexts verlangen von Ihnen, dass Sie sie explizit zu den vorhandenen Ports hinzufügen oder einen neuen Port anlegen. Es ist unwahrscheinlich, dass ungewollte Abhängigkeiten sich »aus Versehen« einschleichen, da eine Menge rituelles Getue nötig ist, um eine solche Abhängigkeit zu erzeugen.

Wenn Sie jedoch über zwei Bounded Contexts hinausdenken, dann wird sehr schnell offenbar, dass diese Architektur sich nur sehr schwer skalieren lässt. Für zwei Bounded Contexts mit einer Abhängigkeit müssen Sie einen Adapter implementieren (das ist der Kasten mit der Bezeichnung *Domänen-Adapter* in der vorherigen Abbildung). Wenn Sie zirkuläre Abhängigkeiten ausschließen, müssen Sie drei Adapter für drei Bounded Contexts, sechs Adapter für vier Bounded Contexts usw. implementieren. In Abbildung 13.2 wird dies grafisch dargestellt.[1]

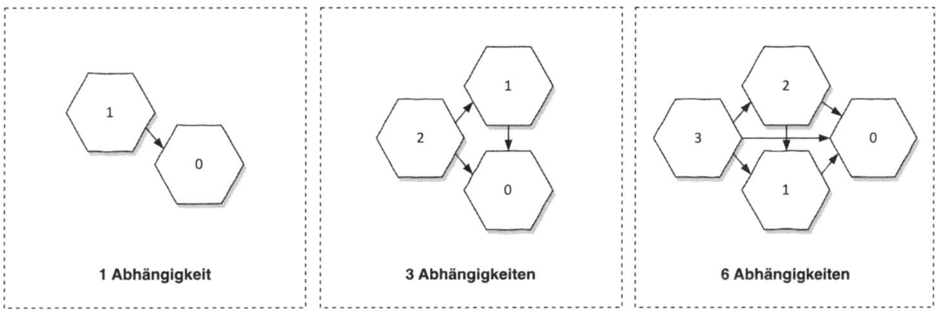

Abb. 13.2: Die Anzahl der potenziellen Abhängigkeiten zwischen Bounded Contexts wächst nicht überproportional zur Anzahl der Bounded Contexts, selbst wenn Sie zirkuläre Abhängigkeiten ausschließen.

Für jede Abhängigkeit müssten Sie einen Adapter mit wenigstens einem angeschlossenen Eingangs- und Ausgangsport implementieren. Jeder Adapter müsste von einem Domänenmodell in ein anderes abgebildet werden. Dies zu entwickeln und zu pflegen, wird schnell sehr mühselig. Wenn es mühselig ist und mehr Auf-

1 Die Formel, die ich benutzt habe, um potenzielle Abhängigkeiten zwischen *n* Bounded Contexts zu berechnen, lautet $n\text{-}1 + n\text{-}2 + \ldots +1$. Der erste Bounded Context hat $n\text{-}1$ potenzielle, nicht-kreisförmige Abhängigkeiten, der zweite $n\text{-}2$ usw. Der letzte Bounded Context kann keine Abhängigkeit zu einem anderen Bounded Context haben, weil jede Abhängigkeit, die er haben könnte, eine kreisförmige wäre, und kreisförmige Abhängigkeiten haben Sie ausdrücklich verboten.

wand als Nutzen einbringt, passiert es schnell, dass das Team Abkürzungen einschlägt, um sich den Stress zu ersparen, was schließlich zu einer Architektur führt, die auf den ersten Blick zwar wie eine Hexagonale Architektur aussieht, aber nicht die Vorteile mitbringt, die diese verspricht.

Wenn Sie sich den Originalartikel anschauen, der Hexagonale Architektur vorstellt, dann erkennen Sie, dass es niemals deren Absicht war, nur einen einzelnen Bounded Context in Ports und Adapter zu verpacken.[2] Stattdessen sollte eine komplette *Anwendung* mit Ports und Adaptern versehen werden. Diese Anwendung kann aus vielen Bounded Contexts, aber auch aus gar keinem bestehen.

Es ist sinnvoll, jeden Bounded Context in sein eigenes Hexagon einzupacken, wenn Sie sich darauf vorbereiten, diese in ihre eigenen Anwendungen zu extrahieren, das heißt, in eigenen (Micro-)Services, die separat deployt werden. Das bedeutet, Sie sollten sich sehr sicher sein, dass die Grenzen, die Sie zwischen den Bounded Contexts errichten, die richtigen Grenzen sind, die sich hoffentlich auch nicht mehr ändern.

Der entscheidende Punkt hier ist, dass die Hexagonale Architektur keine skalierbare Lösung zum Verwalten mehrerer Bounded Contexts in derselben Anwendung bietet. Und das muss sie auch nicht. Sie können sich stattdessen vom Domain-Driven Design inspirieren lassen, um Ihre Bounded Contexts zu entkoppeln. Schließlich dürfen Sie innerhalb Ihres Hexagons machen, was Sie wollen.

13.2 Entkoppelte Bounded Contexts

Im vorigen Abschnitt haben Sie erfahren, dass die Ports und Adapter die gesamte Anwendung und nicht jeden Bounded Context separat einkapseln sollten. Wie jedoch halten Sie die Bounded Contexts voneinander getrennt, wenn sie im selben Hexagon leben?

Im einfachsten Fall haben Sie Bounded Contexts, die gar nicht miteinander kommunizieren. Sie stellen komplett getrennte Wege durch den Code zur Verfügung. Sie könnten dann dedizierte Eingangs- und Ausgangsports für jeden Bounded Context erstellen. Abbildung 13.3 verdeutlicht dies.

Dieses Beispiel zeigt eine Hexagonale Architektur mit zwei Bounded Contexts. Ein Web-Adapter bedient die Anwendung und ein Datenbank-Adapter wird von der Anwendung bedient. Diese Adapter sind beispielhaft für andere Eingangs- und Ausgangsadapter – nicht jede Anwendung ist eine Webanwendung mit einer Datenbank.

2 Der Originalartikel zu Hexagonaler Architektur: `https://alistair.cockburn.us/hexagonal-architecture/`.

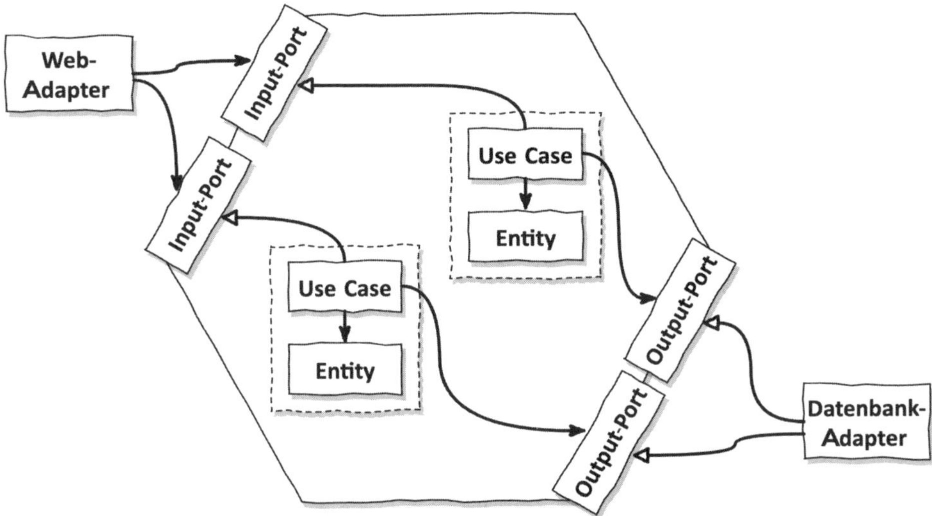

Abb. 13.3: Wenn Bounded Contexts (gestrichelte Linien) nicht miteinander reden müssen, können sie jeweils ihre eigenen Eingangsports implementieren und ihre eigenen Ausgangsports aufrufen.

Jeder Bounded Context stellt über einen oder mehrere dedizierte Eingangsports seine eigenen Use Cases bereit. Der Web-Adapter kennt alle Eingangsports und kann daher die Funktionalität aller Bounded Contexts aufrufen.

Statt dedizierter Eingangsports für die jeweiligen Bounded Contexts hätten Sie auch einen »breiten« Eingangsport implementieren können, über den der Web-Adapter Anfragen an *mehrere* Bounded Contexts richtet. In diesem Fall wären die Grenzen zwischen den Kontexten vor der Außenseite Ihres Hexagons verborgen. Ob das wünschenswert ist, hängt von der Situation ab.

Darüber hinaus definiert jeder Bounded Context seinen eigenen Ausgangsport an die Datenbank, sodass er seine Daten unabhängig von den anderen Bounded Contexts speichern und abrufen kann.

Auch wenn das Aufteilen der Eingangsports anhand der Bounded Contexts optional ist, empfehle ich, für jeden Bounded Context einen eigenen Ausgangsport zum Speichern und Abrufen von Domänen-Daten, der getrennt von den anderen Bounded Contexts arbeitet. Wenn einer der Bounded Contexts sich beispielsweise mit Finanztransaktionen befasst und ein anderer mit der Registrierung von Benutzern, dann sollte es einen (oder mehrere) Ausgangsports geben, die sich mit dem Speichern und Abrufen von Transaktionsdaten befassen, während ein anderer dafür vorgesehen ist, die Registrierungsdaten zu speichern und abzurufen.

Jeder Bounded Context sollte seine eigene Persistenz haben. Wenn Bounded Contexts sich Ausgangsports zum Speichern und Abrufen von Daten teilen, werden sie sehr schnell stark aneinander gekoppelt, weil sie beide vom selben Datenmodell abhängen. Stellen Sie sich vor, Sie müssen einen Bounded Context aus der Hexagonalen Anwendung herausziehen und in einen eigenen Microservice packen, weil Sie erkannt haben, dass er andere Skalierbarkeitsanforderungen hat als der Rest der Anwendung. Wenn dieser Bounded Context sich nun ein Datenbankmodell mit einem anderen Bounded Context teilt, wird diese Extraktion sehr schwierig. Sie möchten schließlich nicht, dass der neue Microservice auf die Datenbank einer anderen Anwendung zugreift, oder?! Aus dem gleichen Grund halten Sie die Datenbankmodelle der einzelnen Bounded Contexts getrennt.

Solange mehrere Bounded Contexts in derselben Laufzeitumgebung ausgeführt werden, können sie sich eine physische Datenbank teilen und an den gleichen Datenbanktransaktionen teilnehmen. Allerdings sollte es in dieser Datenbank klare Grenzen zwischen den Daten aus den verschiedenen Bounded Contexts geben, zum Beispiel in Form eines separaten Datenbankschemas oder zumindest unterschiedlicher Datenbanktabellen.

Das Aufteilen der Eingangs- und Ausgangsports auf diese Weise hat den netten Effekt, dass die Bounded Contexts vollkommen entkoppelt sind. Jeder Bounded Context kann sich allein weiterentwickeln, ohne dass die anderen in irgendeiner Weise beeinflusst werden. Allerdings sind sie nur entkoppelt, weil sie nicht miteinander reden. Was passiert, wenn Sie Use Cases haben, die sich über mehrere Bounded Contexts erstrecken, oder falls ein Bounded Context mit einem anderen kommunizieren muss?

13.3 Angemessen gekoppelte Bounded Contexts

Wenn sich alles Koppeln vermeiden ließe, wäre die Softwarearchitektur viel einfacher. In realen Anwendungen braucht ein Bounded Context mit ziemlich hoher Wahrscheinlichkeit die Hilfe eines anderen Bounded Contexts, um seine Arbeit zu verrichten.

Ein Beispiel ist auch hier wieder der Bounded Context, der sich um Geldtransaktionen kümmert. Aus Sicherheitsgründen wollen Sie protokollieren, welche Benutzer eine Transaktion ausgelöst haben. Das bedeutet, dass Ihr Bounded Context Informationen über den Benutzer braucht, die sich in einem anderen Bounded Context befinden. Allerdings darf Ihr Bounded Context nicht allzu eng an den Kontext zur Benutzerverwaltung gekoppelt sein.

Anstatt das gesamte Benutzerobjekt in Ihrem Bounded Context »Geldtransaktion« zu kennen, reicht vielleicht auch die Benutzer-ID aus. Während ein Benutzerobjekt im Kontext »Benutzerverwaltung« ein komplexes Objekt mit vielen Attributen sein dürfte, ist die Repräsentation eines Benutzers im Transaktionskontext möglicherweise nur ein Wrapper um die Benutzer-ID. Im *Geld senden*-Use-Case würde es reichen, als Eingabe die ID des Benutzers zu akzeptieren, der die Transaktion ausführt, und sie zu protokollieren. Sie müssen den Transaktionskontext nicht an die ganzen anderen Details eines Benutzers koppeln.

Allerdings wollen Sie vielleicht validieren, dass der Benutzer nicht auf einer roten Liste aktueller Betrugsopfer steht, die im Benutzerverwaltungskontext gepflegt wird. In diesem Fall benutzen Sie ein Domänen-Event.[3] Immer wenn der Status eines Benutzers sich im Benutzerverwaltungskontext ändert, lösen Sie ein Domänen-Event aus, das von den anderen Bounded Contexts empfangen werden kann. Ihr Transaktionskontext könnte zum Beispiel auf Events lauschen, wenn ein Benutzer neu registriert oder auf die Rote Liste gesetzt wurde. Diese Information kann er dann in seiner eigenen Datenbank zur späteren Benutzung im *Geld senden*-Use-Case speichern, um dann den Status des Benutzers zu validieren.

Eine andere mögliche Lösung ist das Einführen eines Anwendungsservice als Koordinator zwischen dem Benutzerverwaltungs- und dem Transaktionskontext.[4] Der Anwendungsservice implementiert den *Geld senden*-Eingangsport. Wird er aufgerufen, fragt er zuerst den Benutzerverwaltungskontext nach dem Status des Benutzers und übergibt den Status dann an den *Geld senden*-Use-Case, der vom Transaktionskontext bereitgestellt wird – eine andere Implementierung, aber dieselbe Wirkung wie bei Verwendung von Domänen-Events.

Das waren nur zwei Beispiele dafür, wie man Bounded Contexts »angemessen« koppeln kann. Falls Sie es noch nicht getan haben, empfehle ich Ihnen dringend, als Inspiration die passende Literatur zum Domain-Driven Design zu lesen.

In einer Hexagonalen Architektur könnten angemessen gekoppelte Bounded Contexts ungefähr so aussehen wie in Abbildung 13.4.

Hier wurde ein Anwendungsservice als Koordinator über Ihren Bounded Contexts eingeführt. Die Eingangsports werden nun von diesem Service implementiert statt von den Bounded Contexts selbst. Der Anwendungsservice könnte Ausgangsports aufrufen, um die erforderlichen Informationen aus den anderen Systemen zu erhalten. Dann ruft er einen oder mehrere Domänen-Services auf, die von den Bounded Contexts bereitgestellt werden. Zusätzlich zum Koordinieren der Aufrufe an die Bounded Contexts fungiert der Anwendungsservice außerdem als **Transaktionsgrenze**, sodass es zum Beispiel möglich ist, mehrere Domänen-Services in derselben Datenbanktransaktion aufzurufen.

---

3 Events im Domain-Driven Design: *Implementing Domain-Driven Design* von Vaughn Vernon, Pearson, 2013, *Kapitel 8*.

4 Anwendungsservices im Domain-Driven Design: *Implementing Domain-Driven Design* von Vaughn Vernon, Pearson, 2013, *Kapitel 14*.

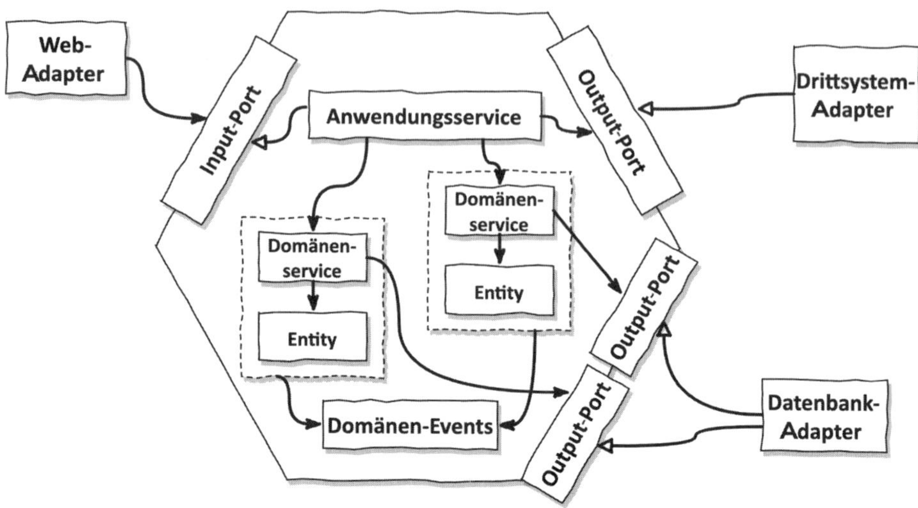

Abb. 13.4: Falls Sie Use Cases haben, die sich über mehrere Bounded Contexts erstrecken, können Sie einen Anwendungsservice sowie Domänen-Events für die Kommunikation zwischen ihnen benutzen.

Die Domänen-Services innerhalb der Bounded Contexts benutzen weiterhin jeweils ihre eigenen Ausgangsports, um das Datenmodell zwischen den Bounded Contexts separat zu halten. Sie könnten entscheiden, dass diese Trennung nicht notwendig ist, und stattdessen einen einzigen Datenbank-Ausgangsport benutzen (seien Sie sich aber bewusst, dass ein gemeinsames Datenmodell zu einer sehr engen Kopplung führt).

Die Bounded Contexts haben Zugriff auf gemeinsam genutzte Domänen-Events, die sie versenden bzw. auf die sie lauschen können, um Informationen auf lose gekoppelte Weise auszutauschen.

13.4 Wie hilft Ihnen dies, wartbare Software zu entwickeln?

Das Verwalten von Grenzen zwischen Domänen ist einer der schwierigsten Teile der Softwareentwicklung. In einer kleinen Codebasis sind Grenzen möglicherweise nicht erforderlich, weil das mentale Modell der gesamten Codebasis immer noch in den Arbeitsspeicher unseres Gehirns passt. Erreicht allerdings die Codebasis eine bestimmte Größe, sollten Sie unbedingt Grenzen zwischen den Domänen einführen, damit Sie jede Domäne für sich genommen betrachten können. Wenn Sie das nicht tun, schleichen sich Abhängigkeiten ein, die Ihre Codebasis schließlich in den gefürchteten »Big Ball of Mud« verwandeln.

Die Hexagonale Architektur dreht sich nun genau um dieses Verwalten einer Grenze zwischen einer Anwendung und der Außenwelt. Die Grenze besteht aus bestimmten Eingangsports, die von der Anwendung bereitgestellt, und bestimmten Ausgangsports, die von ihr erwartet werden.

Hexagonale Architektur hilft Ihnen nicht, feiner aufgelöste Domänengrenzen innerhalb Ihrer Anwendung zu verwalten. In Ihrem »Hexagon« können Sie machen, was Sie wollen. Wenn die Codebasis zu groß wird für Ihren mentalen Arbeitsspeicher, sollten Sie auf Domain-Driven Design oder andere Konzepte zurückgreifen, um Grenzen innerhalb Ihrer Codebasis herzustellen.

Im nächsten Kapitel werden Sie eine leichtgewichtige Methode zum Erzeugen von Grenzen betrachten, die Sie mit oder ohne Hexagonale Architektur einsetzen können.

Kapitel 14

Ein komponentenbasierter Ansatz für die Softwarearchitektur

Am Anfang eines Softwareprojekts sind Ihnen noch gar nicht alle Anforderungen bekannt, die die Benutzer stellen werden, wenn sie die Software tatsächlich einsetzen. Ein Softwareprojekt bedeutet auch immer, es darauf ankommen zu lassen und einen Blick in die Glaskugel zu werfen (um es professioneller klingen zu lassen, sprechen wir dann von »Annahmen«). Die Rahmenbedingungen eines Softwareprojekts sind zu unberechenbar, um bereits im Voraus zu wissen, wie sich alles entwickeln wird. Diese Unberechenbarkeit war der Grund für die Entstehung der Agilen Bewegung. Agile Praktiken machen Organisationen flexibel genug, um auf Änderungen reagieren zu können.

Doch wie können Sie eine Softwarearchitektur erschaffen, die mit einer solchen agilen Umgebung zurechtkommt? Lohnt es sich überhaupt, sich mit Architektur abzugeben, wenn sich alles jederzeit ändern kann?

Ja, es lohnt sich! Wie in *Kapitel 1, Wartbarkeit,* diskutiert wurde, sollten Sie dafür sorgen, dass Ihre Softwarearchitektur die Wartbarkeit unterstützt. Eine wartbare Codebasis kann sich im Laufe der Zeit weiterentwickeln und an externe Faktoren anpassen.

Hexagonale Architektur ist ein großer Schritt hin zur Wartbarkeit. Sie erschafft eine Grenze zwischen Ihrer Anwendung und der Außenwelt. Auf der Innenseite Ihrer Anwendung (innerhalb des Hexagons) haben Sie Ihren Domänencode, der dedizierte Ports in die Außenwelt zur Verfügung stellt. Diese Ports verbinden die Anwendung mit Adaptern, die mit der Außenwelt reden und zwischen der Sprache Ihrer Anwendung und den Sprachen der externen Systeme übersetzen. Diese Architektur erhöht die Wartbarkeit, da die Anwendung sich größtenteils unabhängig von der Außenwelt weiterentwickeln kann. Solange die Ports sich nicht ändern, können Sie alles innerhalb der Anwendung weiterentwickeln, um auf Änderungen agil zu reagieren.

Allerdings, wie Sie in *Kapitel 13, Mehrere Bounded Contexts verwalten,* gelernt haben, hilft Ihnen die Hexagonale Architektur nicht bei der Definition von Grenzen innerhalb Ihres Anwendungskerns. Sie müssen vermutlich eine andere Architektur im Anwendungskern verwenden, die Ihnen in dieser Beziehung zur Seite steht.

Ich habe außerdem schon einige Male gehört, dass sich die Hexagonale Architektur mühselig anfühlt, vor allem für ein Softwareprojekt, das gerade erst beginnt. Es ist schwierig, das Team zu überzeugen, weil nicht jeder den Wert der Dependency Inversion sowie des Mapping zwischen dem Domänenmodell und der Außenwelt versteht. Für eine gerade erst entstehende Anwendung könnte die Hexagonale Architektur übertrieben sein.

In solchen Fällen könnten Sie mit einem einfacheren Architekturstil beginnen, der dennoch die Modularität bietet, die Sie für die künftige Weiterentwicklung brauchen, aber einfach genug ist, um alle zum Mitmachen zu überzeugen. Meiner Meinung nach ist eine komponentenbasierte Architekturein guter Ausgangspunkt, und genau darum soll es in diesem Kapitel gehen.

14.1 Modularität durch Komponenten

Eine der Antriebskräfte der Wartbarkeit ist die Modularität. Modularität erlaubt es Ihnen, die Komplexität eines Softwaresystems zu bewältigen, indem sie es in einfachere Module zerlegt. Sie müssen nicht das ganze System verstehen, um an einem bestimmten Modul zu arbeiten. Stattdessen können Sie sich auf dieses eine Modul konzentrieren sowie potenziell auf die Module, die über Schnittstellen damit verbunden sind. Die Module können sich größtenteils unabhängig voneinander weiterentwickeln, solange die Schnittstellen zwischen ihnen klar definiert sind. Vermutlich schaffen Sie es, ein mentales Modell eines Moduls in Ihren persönlichen Arbeitsspeicher zu bringen – viel Glück dabei, wenn es in der Codebasis keine Module gibt! Sie würden vermutlich ziemlich hilflos in diesem Code hin- und herspringen.

Nur Modularität erlaubt es uns Menschen, komplexe Systeme herzustellen. In seinem Buch *Modern Software Engineering* schreibt Dave Farley über die Modularität des Apollo-Weltraumprogramms:[1]

»Diese Modularität hatte eine Menge Vorteile. Sie bedeutete, dass jede Komponente so erstellt werden konnte, dass sie sich auf einen Teil des Problems konzentrierte und weniger Kompromisse in ihrem Design eingehen musste. Sie erlaubte es unterschiedlichen Gruppen – in diesem Fall völlig verschiedenen Unternehmen –, größtenteils unabhängig voneinander an den einzelnen Modulen zu arbeiten. Solange sich die verschiedenen Gruppen einig waren, wie die Module miteinander verbunden werden sollten, konnten sie ohne Einschränkungen daran arbeiten, die Probleme ihres Moduls zu lösen.«

Modularität hat es möglich gemacht, zum Mond zu fliegen! Modularität macht es möglich, Autos, Flugzeuge und Wolkenkratzer zu bauen. Es sollte daher nicht überraschen, dass sie uns auch hilft, komplexe Software zu schreiben.

1 Modularität des Apollo-Weltraumprogramms: *Modern Software Engineering* von Dave Farley, Pearson, 2022, *Kapitel* 6.

Doch was ist ein Modul? Ich habe das Gefühl, dass der Begriff in der (objektorientierten) Softwareentwicklung überladen ist. Alles und jedes wird als »Modul« bezeichnet, selbst wenn es nur ein Haufen Klassen sind, die wild zusammengeworfen wurden, um etwas Sinnvolles zu machen. Ich bevorzuge den Begriff »Komponente«, um eine Gruppe von Klassen zu beschreiben, die durchdacht entwickelt wurden, um eine bestimmte Funktionalität zu implementieren. Sie können dann mit anderen Gruppen von Klassen zu einem komplexen System zusammengesetzt werden. Die lateinische Herkunft des Begriffs »Komponente« impliziert Zusammensetzbarkeit. Mehrere Komponenten bilden ein größeres Ganzes und können möglicherweise sogar neu und anders zusammengesetzt werden, um auf Änderungen in der Umgebung zu reagieren. Die Zusammensetzbarkeit verlangt, dass eine Komponente eine klare Schnittstelle definiert, die Ihnen verrät, was sie selbst bereitstellt und was sie andererseits von der Außenwelt erwartet (hat hier jemand Eingangs- und Ausgangsports gesagt?). Denken Sie an LEGO-Steine. Ein LEGO-Stein stellt ein bestimmtes Layout an Noppen bereit, mit dem sich andere Steine verbinden können, und er verlangt ein bestimmtes Layout an Noppen, um sich selbst mit anderen Steinen zu verbinden. Ich verurteile Sie nicht, wenn Sie den Begriff »Modul« benutzen, werde aber selbst im Rest dieses Kapitels »Komponente« benutzen.

Im Rahmen dieses Kapitels ist mit Komponente eine Menge von Klassen gemeint, die einen dedizierten Namensraum und eine klar definierte API haben. Wenn eine andere Komponente die Funktionalität dieser Komponente benötigt, kann sie diese über ihre API aufrufen. Sie darf jedoch nicht in das Innere der Komponente greifen. Eine Komponente kann aus kleineren Komponenten bestehen. Diese Unterkomponenten befinden sich standardmäßig im Inneren der Elternkomponente, sodass sie von außen nicht erreichbar sind. Sie können jedoch zur API der Elternkomponente beitragen, falls sie Funktionalität implementieren, die von außen erreichbar sein sollte.

Wie bei jedem anderen Architekturstil geht es bei der komponentenbasierten Architektur darum, welche Abhängigkeiten erlaubt und welche verboten sind. Dies wird in Abbildung 14.1 verdeutlicht.

Es gibt hier zwei oberste Komponenten, A und B. Komponente A besteht aus zwei Unterkomponenten, A1 und A2, während Komponente B nur eine Unterkomponente besitzt, nämlich B1.

Wenn A1 auf die Funktionalität von B zugreifen muss, ruft sie die API von B auf. Sie kann jedoch nicht auf die API von B1 zugreifen, da B1 als Unterkomponente Teil der Interna ihrer Elternkomponente und damit vor der Außenwelt verborgen ist. B1 kann aber dennoch Funktionalität zur API ihrer Elternkomponente beitragen, indem sie eine Schnittstelle in der Eltern-API implementiert. Sie werden später in einer Fallstudie sehen, wie das funktioniert.

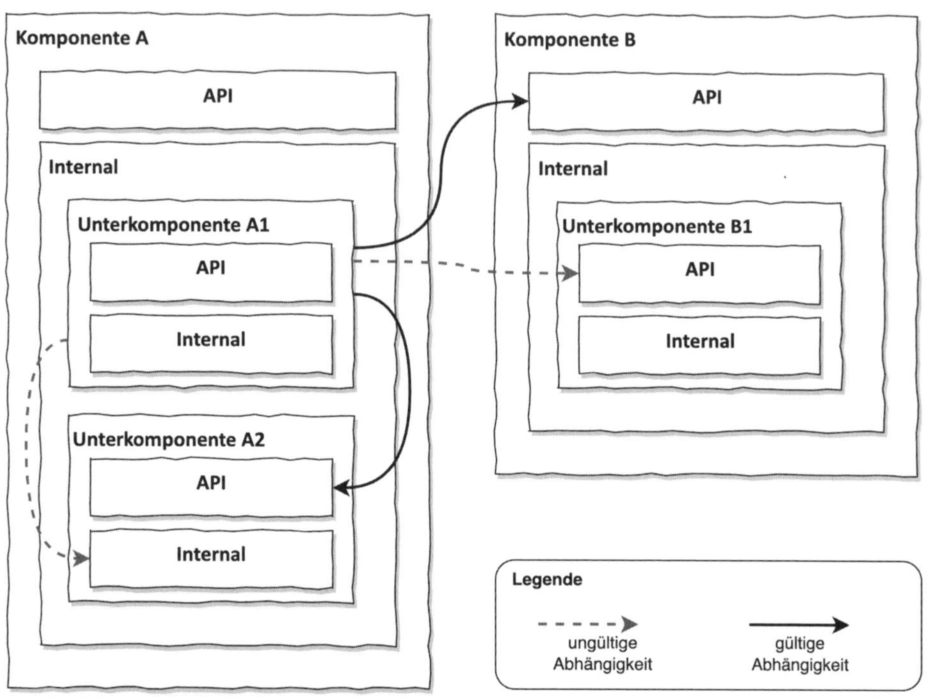

Abb. 14.1: Abhängigkeiten zu einem internen Paket sind ungültig, Abhängigkeiten zu einem API-Paket dagegen sind gültig, vorausgesetzt, dass das API-Paket nicht in einem internen Paket sitzt.

Diese Regeln gelten auch für die Geschwisterkomponenten, A1 und A2. Wenn A1 Zugriff auf die Funktionalität von A2 braucht, kann sie deren API aufrufen, nicht aber die Interna von A2.

Und das war es schon mit der komponentenbasierten Architektur. Sie lässt sich in vier einfachen Regeln zusammenfassen:

1. Eine Komponente hat einen dedizierten Namensraum, um adressierbar zu sein.
2. Eine Komponente hat eine dedizierte API und Interna.
3. Die API einer Komponente kann von der Außenseite aufgerufen werden, ihre Interna dagegen nicht.
4. Eine Komponente darf als Teil ihrer Interna Unterkomponenten besitzen.

Um das Abstrakte konkreter zu machen, schauen Sie sich nun eine komponentenbasierte Architektur in echtem Code an.

14.2 Fallstudie – eine »Check Engine«-Komponente erstellen

Als Fallstudie für die in diesem Kapitel vorgestellte komponentenbasierte Architektur habe ich eine Komponente aus einem realen Softwareprojekt, an dem ich einmal gearbeitet habe, in ein eigenes GitHub-Repository gelegt.[2] Schon allein die Tatsache, dass ich die Komponente mit relativ wenig Aufwand extrahiert habe und wir hier über diese Komponente diskutieren können, ohne etwas über das Softwareprojekt zu wissen, aus dem sie stammt, zeigt, dass ich mithilfe von Modularität erfolgreich die Komplexität besiegt habe!

Die Komponente ist in objektorientiertem Kotlin geschrieben, die Konzepte lassen sich jedoch auch auf jede andere objektorientierte Sprache anwenden.

Die Komponente trägt den Namen »Check Engine«. Sie war als eine Art Web-Scraper gedacht, der Webseiten durchgeht und eine Reihe von Tests an ihnen durchführt. Diese Tests können alles Mögliche umfassen, von »Prüfe, ob das HTML auf dieser Webseite gültig ist« bis zu »Gib alle Schreibfehler von dieser Webseite zurück«.

Da beim Auslesen von Webseiten eine Menge schiefgehen kann, werden die Tests asynchron ausgeführt. Das bedeutet, dass die Komponente eine API bereitstellen muss, um die Tests in eine Warteschlange zu setzen, sowie eine API, um die Ergebnisse eines Tests abzurufen, nachdem dieser durchgeführt wurde. Dies implizierte eine Queue zum Speichern eingehender Testanfragen und eine Datenbank zum Ablegen der Testergebnisse.

Von außen betrachtet spielt es keine Rolle, ob Sie die Check Engine »in einem Stück« programmieren oder sie in Unterkomponenten aufteilen. Solange die Komponente eine dedizierte API besitzt, bleiben diese Details der Außenwelt verborgen. Die oben dargestellten Anforderungen zeichnen allerdings bestimmte natürliche Grenzen für die Unterkomponenten in der Check Engine vor. Indem Sie die Check Engine entlang dieser Grenzen zerlegen, können Sie die Komplexität innerhalb der Check-Engine-Komponente bewältigen, da die einzelnen Unterkomponenten leichter zu verwalten sind als das gesamte Problem.

Ich habe drei Unterkomponenten für die Check Engine entwickelt:

- Eine »Queue«-Komponente, die den Zugang zu einer Queue kapselt, um die Testanfragen in eine Warteschlange einzusortieren und aus ihr wieder zu entnehmen.
- Eine »Database«-Komponente, die den Zugang zu einer Datenbank kapselt, um Testergebnisse zu speichern und abzurufen.
- Eine »Checkrunner«-Komponente, die weiß, wie die Tests auszuführen sind, und sie ausführt, wenn eine Testanfrage aus der Warteschlange eintrifft.

2 Das GitHub-Repository mit der »Check Engine«, implementiert in komponentenbasierter Architektur: `https://github.com/thombergs/components-example`.

Beachten Sie, dass diese Unterkomponenten hauptsächlich technische Grenzen einführen. Ähnlich wie bei den Ausgangsadaptern in der Hexagonalen Architektur verstecken Sie die Spezifika des Zugriffs auf ein externes System (die Warteschlange und die Datenbank) in Unterkomponenten. Die Check-Engine-Komponente ist aber auch eine sehr technische Komponente, die kaum oder gar keinen Domänencode enthält. Die einzige Komponente, die man als »Domänencode« betrachten könnte, ist der Checkrunner, der als eine Art Controller fungiert. Technische Komponenten eignen sich von Natur aus recht gut für eine komponentenbasierte Architektur, weil die Grenzen zwischen ihnen deutlicher ausgeprägt sind als die Grenzen zwischen unterschiedlichen funktionalen Domänen.

In dieser Architekturdarstellung der Check-Engine-Komponente erkennen Sie alle Details (Abbildung 14.2).

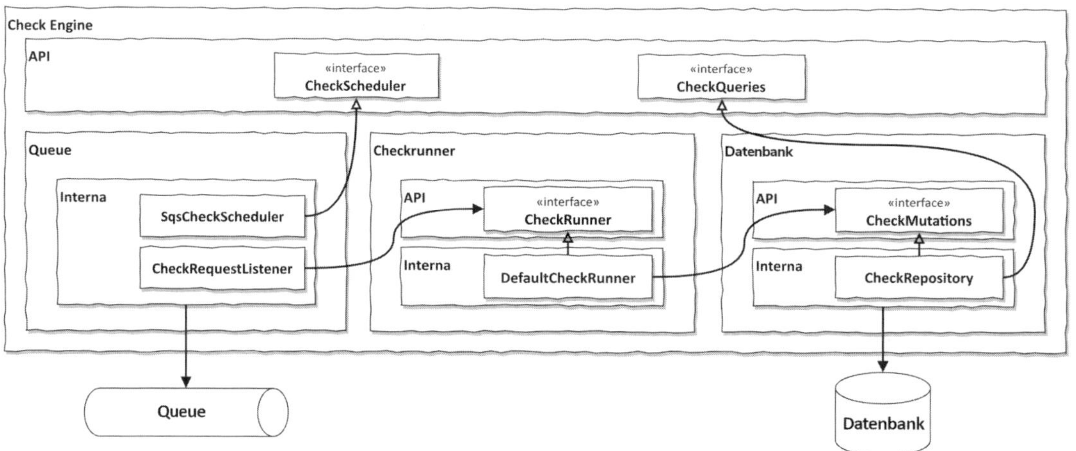

Abb. 14.2: Die Check-Engine-Komponente besteht aus drei Unterkomponenten, die zur API der Elternkomponente beitragen.

Die Abbildung spiegelt die Struktur des Codes wider. Sie können sich jeden Kasten als ein Java-Paket vorstellen (oder einen einfachen Ordner mit Quelldateien in anderen Programmiersprachen). Befindet sich ein Kasten in einem größeren Kasten, dann handelt es sich um ein Unterpaket dieses größeren Kastens. Die Kästen auf der untersten Ebene schließlich sind Klassen.

Die öffentliche API der Check-Engine-Komponente besteht aus den Schnittstellen `CheckScheduler` und `CheckQueries`, die das zeitliche Einplanen eines Webseitentests (eines »Checks«) bzw. das Abrufen der Ergebnisse erlauben.

`CheckScheduler` wird durch die Klasse `SqsCheckScheduler` implementiert, die sich im internen Bereich der Queue-Komponente befindet. Auf diese Weise trägt die Queue-Komponente zur API der Elternkomponente bei. Erst der Name dieser

Klasse verrät Ihnen, dass sie Amazons Simple Queue Service (SQS) benutzt. Dieses Detail der Implementierung sickert nicht an die Außenseite der Check-Engine-Komponente durch. Nicht einmal die Geschwisterkomponenten wissen, welche Queue-Technologie verwendet wird. Sie werden bemerken, dass die Queue-Komponente nicht einmal ein API-Paket besitzt; alle ihre Klassen sind also intern!

Die `CheckRequestListener`-Klasse lauscht dann auf eingehende Anfragen von der Warteschlange. Für jede eingehende Anfrage ruft sie die `CheckRunner`-Schnittstelle in der API der Checkrunner-Unterkomponente auf. Implementiert wird diese Schnittstelle durch `DefaultCheckRunner`.

Wenn ein Test abgeschlossen ist, speichert die `DefaultCheckRunner`-Klasse die Ergebnisse in der Datenbank, indem sie die `CheckMutations`-Schnittstelle der API der Datenbank-Unterkomponente aufruft. Diese Schnittstelle wird durch die Klasse `CheckRepository` implementiert, die alle Einzelheiten des Kommunizierens mit einer Datenbank erledigt. Auch hier bleibt das Wissen um die verwendete Datenbanktechnologie innerhalb der Datenbank-Unterkomponente und wird nicht nach außen verraten.

Die `CheckRepository`-Klasse implementiert außerdem die `CheckQueries`-Schnittstelle, die Teil der öffentlichen API der Check-Engine ist. Diese Schnittstelle stellt Methoden zum Abfragen der Testergebnisse zur Verfügung.

Durch das Teilen der Check-Engine-Komponente in drei Unterkomponenten wird auch die Komplexität geteilt. Jede Unterkomponente löst einen einfacheren Teil des Gesamtproblems. Sie können sich größtenteils allein weiterentwickeln. Eine Änderung der Queue- oder Datenbanktechnologie aus Kosten-, Skalierbarkeits- oder anderen Gründen wirkt sich nicht auf die anderen Unterkomponenten aus. Man könnte sogar die Unterkomponenten durch einfache In-Memory-Implementierungen für Tests ersetzen, wenn man das wollte.

All dies erhalten Sie, wenn Sie Ihren Code in Komponenten strukturieren, wobei Sie der Konvention folgen, dedizierte APIs und interne Pakete anzulegen.

14.3 Komponentengrenzen validieren

Konventionen sind gut und schön, doch wenn Sie sonst nichts haben, kommt mit Sicherheit jemand, der sie bricht, was die Architektur bröckeln lässt. Sie müssen die Konventionen der Komponentenarchitektur auch validieren.

Das Schöne an der Komponentenarchitektur ist, dass Sie eine relativ einfache Fitnessfunktion anwenden können, um sicherzustellen, dass sich keine versehentlichen Abhängigkeiten in Ihre Komponentenarchitektur eingeschlichen haben:

Klassen, die sich außerhalb eines bestimmten »internen« Pakets befinden, dürfen nicht auf eine Klasse innerhalb dieses »internen« Pakets zugreifen.

Wenn Sie alle Interna einer Komponente in ein Paket legen, das »internal« genannt wird (oder auf andere Weise als »intern« gekennzeichnet ist), müssen Sie nur noch prüfen, dass keine Klasse in diesem Paket von außerhalb dieses Pakets aufgerufen wird. Für JVM-basierte Projekte kann man diese Fitnessfunktion mit ArchUnit programmieren:[3]

```
fun assertPackageIsNotAccessedFromOutside(internalPackage: String) {
    noClasses()
        .that()
        .resideOutsideOfPackage(packageMatcher(internalPackage))
        .should()
        .dependOnClassesThat()
        .resideInAPackage(packageMatcher(internalPackage))
        .check(analyzedClasses)
}
```

Sie brauchen nur eine Möglichkeit, bei jedem Build die internen Pakete zu identifizieren und die oben gezeigte Funktion damit zu füttern. Der Build schlägt fehl, wenn Sie versehentlich eine Abhängigkeit zu einer internen Klasse eingeführt haben.

Die Fitnessfunktion muss auch gar nichts über die Komponenten in Ihrer Architektur wissen. Sie müssen lediglich der Konvention zum Identifizieren interner Pakete folgen und diese Pakete dann der Funktion vorlegen. Das bedeutet auch, dass Sie den Test, der die Fitnessfunktion ausführt, nicht aktualisieren müssen, wenn Sie eine Komponente zur Codebasis hinzufügen oder aus ihr entfernen. Sehr bequem!

Invertierte Fitnessfunktion

Diese Fitnessfunktion ist eine invertierte Form der Fitnessfunktion, die Sie in *Kapitel 12, Architekturgrenzen erzwingen,* kennengelernt haben. In *Kapitel 12* haben Sie verifiziert, dass Klassen aus einem bestimmten Paket nicht auf Klassen außerhalb dieses Pakets zugreifen. Hier verifizieren Sie, dass Klassen von außerhalb des Pakets nicht auf Klassen innerhalb dieses Pakets zugreifen. Diese Fitnessfunktion ist viel stabiler, da Sie keine Ausnahmen für jede Bibliothek hinzufügen müssen, die Sie benutzen.

Sie können natürlich immer noch unerwünschte Abhängigkeiten einführen, indem Sie sich einfach nicht an die Konvention für interne Pakete halten. Und die

3 ArchUnit-Regel zum Validieren, dass kein Code auf den Code in einem bestimmten Paket zugreifen kann: `https://github.com/thombergs/components-example/blob/main/server/src/test/kotlin/io/reflectoring/components/InternalPackageTest.kt`.

Regel lässt außerdem ein Schlupfloch zu: Wenn Sie Klassen direkt in das »interne« Paket einer übergeordneten Komponente packen, können die Klassen der Unterkomponenten darauf zugreifen. Sie sollten daher möglicherweise eine weitere Regel einführen, die Klassen direkt im »internen« Paket einer obersten Komponente verbietet.

14.4 Wie hilft Ihnen dies, wartbare Software zu entwickeln?

Komponentenbasierte Architektur ist recht einfach. Solange jede Komponente einen dedizierten Namensraum, eine dedizierte API und interne Pakete besitzt und Klassen innerhalb eines internen Pakets nicht von der Außenseite aus aufgerufen werden, erhalten Sie eine sehr gut wartbare Codebasis, die hauptsächlich aus vielen zusammensetzbaren Komponenten besteht. Wenn Sie die Regel hinzufügen, dass Komponenten aus anderen Komponenten zusammengesetzt werden können, können Sie eine ganze Anwendung aus immer kleineren Teilen herstellen, in der jeder Teil ein einfacheres Problem löst.

Obwohl es Schlupflöcher gibt, die es erlauben, die Regeln der Komponentenarchitektur zu umgehen, ist die Architektur selbst so einfach, dass sie leicht zu verstehen und zu kommunizieren ist. Da sie so leicht zu verstehen ist, ist sie auch leicht zu pflegen. Wenn sie leicht zu pflegen ist, dann werden auch die Schlupflöcher vermutlich nicht ausgenutzt.

Hexagonale Architektur kümmert sich um Grenzen auf Anwendungsebene. Komponentenbasierte Architektur kümmert sich um Grenzen auf Komponentenebene. Sie können dies ausnutzen, indem Sie in eine Hexagonale Architektur Komponenten einbetten. Oder Sie beginnen mit einer einfachen komponentenbasierten Architektur und entwickeln sie bei Bedarf in eine andere Architektur weiter. Eine komponentenbasierte Architektur ist vom Design her modular, und Module lassen sich leicht verschieben und umbauen.

Im nächsten, dem letzten Kapitel schließen wir die Diskussion rund um die Architektur ab und versuchen, die Frage zu beantworten, wann Sie welchen Architekturstil wählen sollten.

Kapitel 15

Sich für einen Architekturstil entscheiden

Bislang wurde in diesem Buch eine bestimmte Art diskutiert, wie man eine Webanwendung im Hexagonalen Architekturstil entwickeln kann. Vom Organisieren des Codes bis zum Einschlagen von Abkürzungen wurden viele Fragen beantwortet, die dieser Architekturstil aufwirft.

Einige der Antworten in diesem Buch lassen sich auf den herkömmlichen geschichteten Architekturstil anwenden. Einige Antworten können nur in einem domänenzentrierten Ansatz implementiert werden, wie etwa der, der in diesem Buch vorgeschlagen wird. Und mit einigen Antworten sind Sie vielleicht nicht einverstanden, weil sie in Ihrer bisherigen Erfahrung nicht funktioniert haben.

Die letzten Fragen, auf die Sie Antworten haben wollen, lauten folgendermaßen: Wann sollten Sie tatsächlich den Hexagonalen Architekturstil einsetzen? Und wann sollten Sie lieber beim herkömmlichen geschichteten Stil (oder irgendeinem anderen Stil) bleiben?

15.1 Beginnen Sie einfach

Ein wichtiger Punkt, den zu erkennen ich viel zu lange gebraucht habe, ist, dass Softwarearchitektur nichts ist, was man einfach am Anfang eines Softwareprojekts definiert und das sich dann um sich selbst kümmert. Sie können am Anfang eines Projekts nicht alles wissen, was Sie wissen müssten, um eine großartige Architektur zu entwerfen! Die Architektur eines Softwareprojekts kann und muss sich im Laufe der Zeit weiterentwickeln, um sich an sich ändernde Anforderungen anzupassen.

Das bedeutet, dass Sie nicht wissen, welcher Architekturstil auf lange Sicht am besten für das Softwareprojekt sein wird. Möglicherweise müssen Sie den Stil später ändern. Damit das möglich ist, müssen Sie dafür sorgen, dass Ihre Software flexibel genug für eine Änderung ist. Sie müssen die Saat für die Wartbarkeit auslegen.

Wartbarkeit bedeutet, dass Sie Ihren Code modular gestalten sollten, damit die Möglichkeit besteht, die einzelnen Module isoliert zu bearbeiten und in der Codebasis zu verschieben, falls das nötig sein sollte. Ihre Architektur muss die Grenzen zwischen diesen Modulen so klar wie möglich gestalten, damit sich nicht versehentlich unerwünschte Abhängigkeiten zwischen diesen Modulen einschleichen und damit die Wartbarkeit verringern.

Der Start eines Projekts bedeutet vielleicht nur das Zusammenstellen einer Sammlung aus *CRUD*-Use-Cases, und eine domänenzentrierte Architektur wie eine Hexagonale Architektur könnte in diesem Fall übertrieben sein. Setzen Sie daher auf etwas Einfacheres, wie einen komponentenbasierten Ansatz. Möglicherweise wissen Sie aber schon genug über das Projekt, um gleich mit einem reichen Domänenmodell zu beginnen. In diesem Fall wäre der Hexagonale Architekturstil ein guter Anfang.

15.2 Entwickeln Sie die Domäne

Im Laufe der Zeit erfahren Sie immer mehr über die Anforderungen Ihrer Software und können bessere und bessere Entscheidungen über den besten Architekturstil treffen. Die Anwendungen könnte sich aus einer Sammlung einfacher CRUD-Use-Cases zu einer reichen, domänenzentrierten Anwendung entwickeln, die viele Geschäftsregeln besitzt. An dieser Stelle wird die Hexagonale Architektur zu einer guten Option.

Es sollte sich in den vorangegangenen Kapiteln abgezeichnet haben, dass die wichtigste Eigenschaft eines Hexagonalen Architekturstils darin besteht, dass Sie den Domänencode frei von Abhängigkeiten von externen Systemen weiterentwickeln können. Meiner Meinung nach ist das Weiterentwickeln von Domänencode frei von äußeren Einflüssen das allerwichtigste Argument für den Hexagonalen Architekturstil.

Aus diesem Grund passt dieser Architekturstil auch so gut zu den Praktiken des Domain-Driven Designs (DDD). Beim DDD wird die Entwicklung von der Domäne getrieben, und natürlich kann man am besten über die Domäne nachdenken, wenn man sich nicht gleichzeitig noch um Persistenzfragen und andere technische Aspekte kümmern muss.

Ich würde sogar so weit gehen zu sagen, dass *domänenzentrierte Architekturstilewie der hexagonale Stil das DDD erst ermöglichen.* Ohne eine Architektur, die die Domäne in das Zentrum der Dinge stellt, und ohne die Abhängigkeiten in Richtung auf den Domänencode umzukehren, hat man keine Chance, wirklich ein Domain-Driven Design durchzuführen. Das Design wird dann immer von anderen Faktoren bestimmt.

Ein erster Indikator dafür, ob Sie den Architekturstil verwenden sollten, der in diesem Buch vorgestellt wird, ist: *Wenn der Domänencode nicht die wichtigste Sache in Ihrer Anwendung ist, brauchen Sie diesen Architekturstil wahrscheinlich nicht.*

15.3 Vertrauen Sie auf Ihre Erfahrung

Wir sind Gewohnheitstiere. Gewohnheiten lassen uns automatisch Entscheidungen treffen, sodass wir keine Zeit damit verschwenden müssen. Kommt ein Löwe auf uns zu, dann rennen wir. Entwickeln wir eine neue Webanwendung, dann benutzen wir den geschichteten Architekturstil. Wir haben das in der Vergangenheit so oft gemacht, dass es zur Gewohnheit geworden ist.

Ich will nicht behaupten, dass gewohnheitsmäßige Entscheidungen unbedingt schlechte Entscheidungen sind. Gewohnheiten eignen sich ebenso gut für gute wie für schlechte Entscheidungen. Ich möchte damit sagen, dass wir das tun, worin wir Erfahrungen haben. Wir sind mit dem zufrieden, was wir in der Vergangenheit gemacht haben. Warum sollten wir etwas ändern?

Die einzige Möglichkeit, eine fundierte Entscheidung über einen Architekturstil zu treffen, besteht deshalb darin, Erfahrungen in anderen Architekturstilen zu sammeln. Wenn Sie sich in Bezug auf den Hexagonalen Architekturstil unsicher sind, dann probieren Sie ihn an einem kleinen Modul der Anwendung aus, die Sie gerade entwickeln. Gewöhnen Sie sich an die Konzepte. Machen Sie sich vertraut damit. Wenden Sie die Ideen aus diesem Buch an, modifizieren Sie sie und bringen Sie Ihre eigenen Ideen ein, um einen Stil zu entwickeln, der sich richtig anfühlt.

Diese Erfahrung kann dann Ihre nächste Architekturentscheidung leiten.

15.4 Es kommt drauf an

Ich würde Ihnen liebend gern eine Liste mit Multiple-Choice-Fragen präsentieren, um die Entscheidung für einen Architekturstil zu treffen, in der Art von »*Welcher Persönlichkeitstyp sind Sie?*«- und »*Wenn Sie ein Hund wären, welche Art von Hund wären Sie dann?*«-Tests, die regelmäßig durch die sozialen Medien geistern.[1]

Ganz so einfach ist es aber nicht. Meine Antwort auf die Frage nach dem zu wählenden Architekturstil bleibt immer die des professionellen Beraters: »*Es kommt drauf an.*« Es kommt auf den Typ der Software an, die entwickelt werden soll. Es kommt auf die Rolle des Domänencodes an. Es kommt auf die Erfahrungen des Teams an. Und schließlich kommt es darauf an, gut mit der Entscheidung leben zu können.

Ich hoffe jedoch, dass dieses Buch Ihnen einige Funken an Inspiration geliefert hat, die Ihnen bei der Frage der Architektur helfen. Wenn Sie eine Geschichte über Architekturentscheidungen, ob mit oder ohne Hexagonale Architektur, zu erzählen haben, dann würde ich sie gern hören.[2]

1 Nur für den Fall, dass es Sie interessiert: Mein Persönlichkeitstyp ist »Verteidiger« und wenn ich ein Hund wäre, dann wäre ich offenbar ein Pitbull.

2 Kontakt: Sie können mir unter `tom@reflectoring.io` eine Nachricht hinterlassen.

Stichwortverzeichnis

A

Abfrageservice 71
Abhängigkeit
  zirkuläre 152
  zwischen Domänen 155
Abhängigkeitsregel 143
Abkürzung 133
  dokumentieren 141
  geschichtete Architektur 32
  im Hexagonalen Architekturstil 135
Abkürzungsmodus 33
Abstraktionsebene 139
Adapter 73
  isolieren 150
  Persistenz-Adapter 81
Agile Bewegung 165
Anforderung
  nichtfunktionale 19
Anti-Korruptionsschicht 64
Anwendung
  in Build-Module zerlegen 150
  zusammensetzen 123
Anwendungskontext 126
Anwendungsservice 47
  als Transaktionsgrenze 162
Application Context 126
Architecture Decision Records (ADRs) 135
Architektur
  Clean Architecture 43
  Definition 19
  Dreischichtenarchitektur 29
  Hexagonale 45
  komponentenbasierte 166
  paralleles Arbeiten 36
  Ports-und-Adapter-Architektur 46
  Schichten 30
Architektur/Code-Lücke 53
Architektur-explizite Paketstruktur 52
Architekturgrenze 143
Architekturstil
  auswählen 175
  domänenzentrierter 176
  fundierte Entscheidung 177
  wählen 23
ArchUnit 147
Ausgabe 70
Ausgangsport
  Bounded Context 159

B

Bean 126
  Validation 63
Big Ball of Mud 22
Big Design Up Front (BDUF) 22
Bounded Context 86, 155
  Ausgangsports 159
  Datenbankmodell 160
  Eingangsports 159
  getrennt halten 158
  Hexagonale Architektur 155
  koppeln 160
  Persistenz 160
Broken-Windows-Theorie 32, 133
Build-Artefakt 149
Builder 66
Build-Modul
  isolierte Codeänderungen 152
  Refactoring 153
Build-Werkzeug 149
  zirkuläre Abhängigkeiten 152
Business-Regel 67
  implementieren 67
Business-Regel-Validierung 59
Business-Regel vs. Eingabevalidierung 67

C

Classpath-Scanning 126
Clean Architecture 43
Code-Organisation
  nach Features 50
  nach Schichten 49
Command pattern 64

Command-Query Responsibility Segregation (CQRS) 72
Command-Query Separation (CQS) 72
Controller
  Anzahl 77
CRUD-Use-Case
  Abkürzungen 140

D

Datenbank 30
Datenbankmodell
  Bounded Contexts 160
Datenbanktransaktion
  Grenzen 92
Dependency Injection 56
Dependency-Inversion-Prinzip (DIP) 42, 55, 81
Dependency Rule 44
Developer Enablement 23
Developer Experience 23
Developer Joy 23
Domain-Driven Design
  Hexagonaler Architekturstil 176
Domäne
  Abhängigkeiten 155
Domänencode 41, 176
Domänen-Entity
  als Ein- oder Ausgabemodell 137
  testen 97
Domänen-Event 161
Domänenlogik 30
  geschichtete Architektur 35
Domänenmodell
  anämisches 69
  implementieren 57
  reiches 69
Domänenschicht 29
Domänenservice 47
Dreischichtenarchitektur 29
  Domänenlogik 35

E

Eingabevalidierung 59
Eingabevalidierung vs. Business-Regel 67
Eingangsport 138
  Bounded Context 159
Entscheidungsfindung 25
Entwicklerfreude 23
  Entwicklerproduktivität 23
Entwicklerproduktivität 23

F

Fitness
  Definition 146
Fitnessfunktion 146
  Komponentenarchitektur 171
Funktionalität 20

G

Grenze
  Architektur 143
  zwischen Kontexten 155

H

Hexagonale Architektur 45
  Abkürzung 135
  Bounded Context 155
  Komponenten 173

I

Integrationstest 96
Interface-Segregation-Prinzip 84

J

Java Config 129

K

Komponente 167
  Definition 167
Komponentenarchitektur 166
  Fallstudie 169
  Fitnessfunktion 171
  Komponentengrenzen 171
  Konventionen 171
  Regeln 168
Komponentengrenze 171
Konfigurationskomponente 123, 125
  Anwendung zusammensetzen 124
Konstruktor 64
Kontextgrenze 155

M

Mapping 113
  Ein-Weg-Mapping-Strategie 118
  No-Mapping-Strategie 113, 151
  Strategien 119
  vollständige Mapping-Strategie 117
  Zwei-Wege-Mapping-Strategie 115
Mapping-Strategie
  Richtlinien 120
Modell/Code-Lücke 53

Modifikator
  package-private-Modifier 145
  Sichtbarkeits-Modifier 144
Modul
  Abhängigkeiten kontrollieren 151
  Definition 167
Modularität 166

O

ORM-Framework 31, 44

P

Package-private-Modifier 145
Paket-nach-Features-Ansatz 50
Paket-nach-Schicht-Ansatz 49
Paketstruktur 49
  Architektur-explizite 52
  nach Features 50
  nach Schichten 49
  öffentliche/private Klassen 53
Persistenz-Adapter 81
  Aufgaben 82
  Integrationstests 102
Persistenzcode 41
Persistenzschicht 30
Portschnittstelle
  aufteilen 83
Ports-und-Adapter-Architektur 46

Q

Qualitätsanforderung 19
  Wartbarkeit 19

R

Refactoring
  Build-Modul 153

S

Schicht 29
  testen 34
  Wartbarkeit 30
Serviceschicht
  überspringen 139
Sichtbarkeits-Modifier 144
Single-Responsibility-Prinzip (SRP) 39
  Konfigurationskomponente 125
  zirkuläre Abhängigkeiten 152
Softwarearchitektur 175
  Definition 19
SOLID-Prinzip 39
SPACE 23
Systemtest 96, 104

T

Team-Programmierung 36
Test
  Abhängigkeiten zwischen Paketen 148
  Anzahl 109
  Domänen-Entity 97
  geschichtete Architektur 33
  Integrationstest 96
  Persistenz-Adapter 102
  Schichten 34
  Systemtest 96, 104
  Testpyramide 95
  Unit-Test 96
  Use Cases 98
  Web-Adapter 100
Testpyramide 95
Transaktionsgrenze 92
  Anwendungsservice 162

U

Unit-Test 96
Use Case 59
  CRUD-Use-Cases 140
  Eingabemodelle 66
  read-only 71
  testen 98

V

Validierung
  Business-Regeln 59
  Eingabe 59
Value object 65

W

Wartbarkeit 19, 175
  bewahren 26
  Entscheidungsfindung 25
  Entwicklerfreude 23
  Funktionalität 20
  Modularität 166
  Schichten 30
  schlechte 22
  Vorteile 23
Web-Adapter 73
  testen 100
  Verantwortlichkeiten 75
Webschicht 29
Wert null 66
Wertobjekt 65

Robert C. Martin

Clean Architecture

Das Praxis-Handbuch für professionelles Softwaredesign

Regeln und Paradigmen für effiziente Softwarestrukturierung

Deutsche Ausgabe

Praktische Lösungen für den Aufbau von Softwarearchitekturen von dem legendären Softwareentwickler Robert C. Martin (»Uncle Bob«)

Allgemeingültige Regeln für die Verbesserung der Produktivität in der Softwareentwicklung über den gesamten Lebenszyklus

Wie Softwareentwickler wesentliche Prinzipien des Softwaredesigns meistern, warum Softwarearchitekturen häufig scheitern und wie man solche Fehlschläge verhindern kann

Wirklich gute Software zu entwickeln, ist ein schwieriges Unterfangen und eine große Herausforderung. Aber wenn Software in der richtigen Art und Weise entwickelt wird, erfordert die Erstellung und Instandhaltung nur wenige Ressourcen, Modifikationen und Anpassungen lassen sich schnell und einfach umsetzen und Mängel und Fehler treten nur hin und wieder in Erscheinung. Der Entwicklungsaufwand ist minimal, und das bei maximaler Funktionalität und Flexibilität.

Was hier utopisch klingt, hat Robert C. Martin schon selbst erlebt und weiß deshalb, dass es so funktionieren kann.

Als Entwickler können Sie Ihre Produktivität über die Lebenszeit eines jeden Softwaresystems dramatisch verbessern, indem Sie allgemeingültige Grundsätze für die Entwicklung professioneller Softwarearchitektur anwenden. In diesem Buch verrät Ihnen der legendäre Softwareentwickler diese maßgeblichen Prinzipien und zeigt Ihnen, wie Sie diese erfolgreich und effektiv anwenden.

Basierend auf seiner mehr als 50-jährigen Berufserfahrung mit Softwareumgebungen jeder erdenklichen Art demonstriert Robert C. Martin in diesem Buch auf eindrucksvolle Weise, welche Entscheidungen Sie im Entwicklungsprozess treffen sollten und warum diese für Ihren Erfolg ausschlaggebend sind. Wie man es von »Uncle Bob« kennt, enthält dieses Buch zahlreiche unmittelbar anwendbare und in sich schlüssige Lösungen für die Herausforderungen, mit denen Sie im Berufsleben konfrontiert sein werden – jenen, die über Gedeih und Verderb Ihrer Projekte entscheiden.

In diesem Buch lernen Sie:

- Architektonische Zielsetzungen der Softwareentwicklung richtig abstecken und die dafür notwendigen Kerndisziplinen und -praktiken planvoll einsetzen
- Die grundlegenden Prinzipien des Softwaredesigns für den Umgang mit Funktionalität, Komponententrennung und Datenmanagement meistern
- Den Entwicklungsprozess optimieren durch die zielgerichtete Anwendung von Programmierparadigmen und die klare Definition der Handlungsspielräume der Softwareentwickler
- Wichtige systemrelevante Programmbestandteile von bloßen »Details« unterscheiden
- Optimale, hochschichtige Strukturen für Web, Datenbank, Fat Client, Konsole und eingebettete Anwendungen implementieren
- Angemessene Grenzen und Layer definieren und die Komponenten und Services in Ihrem System organisieren
- Faktoren für das Scheitern von Softwaredesigns und -architekturen erkennen und diese Fehler vermeiden

Clean Architecture ist für jeden gegenwärtigen oder angehenden Softwarearchitekten, Systemanalysten, Systemdesigner und Softwaremanager eine Pflichtlektüre – ebenso wie für jeden Programmierer, der die Softwaredesigns anderer Entwickler ausführen muss.

ISBN 978-3-95845-724-9

Probekapitel und Infos erhalten Sie unter:
www.mitp.de/724

Mark Seemann

Code that fits in Your Head

Heuristiken für die Softwareentwicklung

- Komplexität reduzieren
- Legacy Code beherrschen
- Performance optimieren

Techniken für sauberen und wartbaren Code sowie für die Reduktion von Komplexität

Software nachhaltig entwickeln und Legacy Code beherrschen

Produktivität steigern durch strukturierte Arbeitsabläufe und effiziente Fehlerbehandlung

Dieses Buch ist ein praktischer Leitfaden für das Schreiben von nachhaltigem Programmcode und die Reduktion von Komplexität, die Schuld daran ist, dass Softwareprojekte langfristig außer Kontrolle geraten.

Mark Seemann unterstützt seit Jahrzehnten Softwareentwickler-Teams bei der erfolgreichen Umsetzung komplexer Projekte. In diesem Buch begleitet er Sie von den ersten Codezeilen bis zum Deployment und zeigt Ihnen, wie Sie im Entwicklungsprozess effizient bleiben, wenn Sie neue Funktionalitäten implementieren, Optimierungen vornehmen und Fehler beheben. Dabei gibt er Ihnen für alle wichtigen Kernprobleme wertvolle Hinweise, Techniken und Arbeitsabläufe an die Hand: von der Verwendung von Checklisten bis zur Teamarbeit, von Kapselung und API-Design bis zu Unit Testing.

Seemann veranschaulicht seine Konzepte anhand von Codebeispielen aus einem vollständigen Beispielprojekt in C#. Der Code ist so geschrieben, dass er gut verständlich für jeden ist, der eine objektorientierte Programmiersprache verwendet, einschließlich Java, C++ und Python. Der gesamte Code steht zur weiteren Erkundung zum Download zur Verfügung.

Wenn Sie jemals negative Erfahrungen bei der Umsetzung von Softwareprojekten oder mit schlecht wartbarem Legacy Code gemacht haben, wird dieses Praxisbuch Ihnen helfen, solche Schwierigkeiten ab sofort von Anfang an zu vermeiden.

ISBN 978-3-7475-0514-4

Probekapitel und Infos erhalten Sie unter:
www.mitp.de/0514